国家とマルチチュード

廣松哲学と主権の現象学

渋谷 要

Shibuya Kaname

社会評論社

国家とマルチチュード●目次

第三章　アトミズムと市民社会 ——競争・差別・搾取の共同連関——　114

序章　民衆的マルチカルチャリズムへ

本書は廣松渉の哲学、とりわけその現象学としての共同主観性の論理、「われわれ」論、「正義」論などをベースとした国家論を基本的視座としつつ、国家—市民社会の諸問題を論じたものである。ここでは以下にその概観をしめすと同時に、基本的な問題意識を表明していきたい。廣松渉（一九三三年〜一九九四年）は東京大学名誉教授として死んだ。彼はマルクス哲学と現象学を縦横に論じた哲学者である。二〇〇二年中国・南京大学は開学一〇〇周年記念事業として「廣松哲学研究室」を開設した。世界的に名の知れた研究者であった。反体制運動にもコミットしていた。その廣松の哲学をベースに国家について考察するのが、ここでの課題である。（なお廣松の思想史的研究として、最近のものでは熊野純彦『戦後思想の一断面』（ナカニシヤ出版）、荒岱介『廣松渉理解』（夏目書房）があるⅰ）。

本書の見取り図を最初に示しておこう。

本論第一部第一章では近代国家を主権形態（論）を中心に把握した。ここでは社会契約国家と全体主義国家の主権国家的同一性を論定した。その社会契約国家がまさに現在のアメリカに端的に現れているように戦争国家として今日的に展開しているのである。第二章ではこうした諸々の主権形態をもつ国家が社会的共同主観性から形成され、さまざまな権力の機制（メカニズム）を構成する様を見ると同時に、世の中の「正義」（価値判断の体系）が人々の共同により刷新されていく論理をおさえる。ここでは廣松渉の現象学的な「われわれ」論を権力論へと組織し、マルクスの国家論についての廣松の分析をおさえつつ「国家＝運命共同体イデオロギー」の機制を解明している。第三章では市民社会のアトミズムの機制と社会的差別との関わりをおさえた。ここでは後述するようにマルクスの資本主義批判に依拠した。第二部第一章では日本の社会有機体主義を天皇制を中心とする全体主義としておさえ、日本の民主主義を実効あるものとするためには天皇制国家の廃止が必要であることを確認した。第二章では前章の続章として京都学派の資本主義批判の限界を彼らの近代批判の限界として突き出した。第三章では、廣松が死の直前、朝日新聞に発表した「日中を軸とした東亜の新体制を」というエッセイへの賛否両論を検討した。対象としたのは柄谷行人、今村仁司、子安宣邦、天野恵一、荒岱介、以上五氏の論評である。第四章では「日韓併合一〇〇年」での日本の朝鮮・アジアに対して一貫して変わらぬ排外主義的なスタンスを省察している。第三部第一章においては世界権力論を世界資本主義とアメリカという視角、そしてその同盟者としての日本国家権力という観点でとりあげた。アメリカのイラク戦争は石油資源戦争であると同時に資本主義国の間の対立をけん制しコントロールする統治術であるので、そうしたことが必要である条件がつづくかぎり、戦争はつづく。だから戦争政策をやめさせるためには資本主義世界に替わる「もう一つの世界」が必要だと表明した。そして第二章では以上の展開をふまえつつ「環境的変革」にもとづく「環境的主権」を提起している。そこでは環境破壊の世界的進行を概観し、環境破壊が資本主義の搾取の機制と同一の資本蓄積運動に淵源するものであること、その社会構成を変革する民衆的多数者による構成的権力が提起される。そして資源浪費型社会の改善―完全循環型経済―「リサイクル・コンビナート」システム論を一環とし、産業管理の公有化と全国的な生産管理合議体を基礎とした環境社会主義（エコロジカル・ソシアリズム）を論究するものである。

●国家を論じることの必然

では国家の問題をなぜ考えるのか。現実の問題から入ろう。

米英を中心にしたイラク戦争に日本は参戦している。アメリカとの同盟関係がその場合の、派兵の根拠になっているのである。「文民支援」の裏側では航空自衛隊のC―130がアメリカ軍の兵員、武器弾薬を運搬している。戦争は国家によって引き起こされている。日米安保やイギリスなど複数の有志連合とよばれる国民国家の覇権的な同盟によってつづけられている。このような中で国家の問題は今日、原理的にも・歴史的にも・現状分析的にも徹底的に考察される以外ない問題として、私たちの前にある。

なぜならば戦争の主体は国家であるということは、その国家の軍事予算・戦争費用は国民の税金から拠出されているということである。つまり議会の多数決原理によって、著者もふくむ国民の税金が軍事予算・戦費につかわれることをあらかじめの前提として納税しているのである。だから私としては、その立場からもこの戦争に対して反対しないわけにはいかないのである。わたしはある地方の「イラク派兵違憲訴訟」の原告の一人（戸籍名での参加）である。第二部第一章冒頭の導入部分でのべているように、今日、日本政府はイラク戦争を通じて、さらにはイランへと介入を狙うアメリカとともに日米安保軍として「世界の憲兵」になろうとしている。日本国内においても有事立法をおしすすめ有事の際、米軍が日本を自由に行動できるようにしようとしている。そして自衛隊と米軍の一体化が、例えば神奈川県キャンプ座間への米陸軍第一軍団司令部と自衛隊中央即応集団司令部の同時設置などとして展開しているのだ。この先にあることは日本国憲法九条の改悪（戦争法規化）だ。民衆自身が有事法制によって徴用や隔離、動員、などの対象になる。まさにこのような状況を見たとき国家の問題への討究は避けられないものとなる、というのが本論の立場である。

そこでこの問題についての著者の問題意識を整理しておきたい。

これから述べることは、国家の統治形態や憲法についての、私の理論的思索の話ということになる。

私は天皇制の廃止と直接民主主義を基本にした民衆的改憲を主張してきた。およそ一〇年前に大崎洋の筆名で刊行した拙著が『ブントの新改憲論』（せんき社）であった（このパンフレットは編集部の編集をとおしたものであることは確認しておきたい）。だが当初よりそこで土台とした考え方はルソーの社会契約論・人民主権国家論だった。

「近代の民主主義的法理念は、革命権・抵抗権によってはじめて実効的なものとなり、政治制度として物質化をみた。これなくしては、人民は、常に『狼に狙われた羊の群』のような存在におとしこめられたままである」。「ルソーはこうして、一般意志である法は、人民全体の共同的意志として定立されなくてはならないとのべ、主権者は、その意志の下に服従しなくてはならないと論じた。また『法は意志の普遍性と、対象のそれとを一つにしている以上、誰であろうと、一人の人間が自分だけの権力で命じたことは法ではない』（岩波文庫版『社会契約論』、五九頁）として……法は本質的かつ対象的に一般的（共同的）なものであることが必要であると論じたのである」（『ブントの新改憲論』八八頁～九〇頁）というようにである。

ここが本論で問題としたいところなのだ。

この社会契約論を国民国家の枠組みで、契約主体を「国民」として考えていった場合、問題は「国民国家をどうするか」という問いとなり、国民国家の「契約」を結び直すというスタンスを前提とすることになる。それは結局、国家体制の革命的変革を後景化させ、その「契約」の中身をどんどん現実主義的、改良主義的なものにしていかざるをえなくなっていくのではないかと推論するにいたったのである。ニュアンス的にいうならば、「人民主権」（民権）というよりは、どんどん「国家主権」（国権）を主語として語るようになり、結局はナショナリズムの方向へと舵をとっていくことになるのではないかと、考えるにいたったのだ。それは私が「人民主権の完全実施」として目指しはじめた、民衆の直接民主主義にもとづき、多民族の共生と同権をめざすということとはまったく反対の論理になってしまうと考える以外なかった。

『〈帝国〉』（アントニオ・ネグリ、マイケル・ハート著、水嶋一憲他訳、以文社）などでのネグリの提起では、ルソーの社会契約論では民衆は「人民」という均質化され、人民のコナトス（自己保存欲求）を守ることを約束した代表権力、つまり政府との権利義務の関係に統合されると指摘される。だから私としてはその回路図の上にはナショナルなものが上乗せできると考える以外ない。国民国家を枠組みとする社会契約・人民主権という概念はナショナリズムとフレンドな概念にほかならないのではないか。

そこでネグリたちは「人民」ではない「マルチチュード」という概念を主張している。この概念はそうした社会契約論の限界を突破する展望をしめすものではないか。それは「民衆の多数多様性」という意味であり、日本語にするときはそういった方がぴったりくるのではないかと、私自身は考えるものである。

●「マルチチュード」と廣松の「前衛―大衆」図式の克服論の親和性

マルチチュードとは一七世紀オランダのユダヤ系の哲学者であるスピノザによって使われたことばだ。ネグリは「スピノザの民主制においては、あらゆる人々の多様性は主権という単一の形象に還元されない」（アントニオ・ネグリ、マイケル・ハート『マルチチュード』幾島幸子訳、NHKブックス、（下）、二二二頁）と書いている。「国家の究極目的は」とスピノザは言う。「支配することでなく、又人間を恐怖に拠って制御して他者の権利のもとに立たしめることでもなく、むしろ反対に各人を恐怖から解放し、かくて各人ができるだけ安全に生活するようにすること」（『神学・政治論』畠中尚志訳、岩波文庫、二七五頁）だと。つまりコナトス（自己保存欲求）を維持するということだ。

ホッブスより四四歳若く、二年早く死んだスピノザは、その著『エチカ―倫理学』（一六七七年、スピノザの没年に遺稿集に所収され出版された）の、第三部定理六においては次のようにのべる。「おのおのの物は、自己の及ぶかぎり自己の有に固執するように努める。……おのおのの物は自分の存在を除去しうるすべてのものに対抗する」（畠中尚志訳、岩波文庫、（上）一七七頁）。これがスピノザの自己保存の定義である。だから個々の者の「和合」ということが問題になる。だからこの自己保存を実現するような国家、「人間が和合して生活することのできる国家」は「理性と真の精神力と真の精神生活とによって規定される人間生活を意味している」のであり「その国家というのは自由な民衆の立てる国家」（『国家論』畠中尚志訳、岩波文庫、六〇頁）であると規定するのである。

ここがポイントだ。「和合する」「自由な民衆」という複合的主体性として「群集＝多数性」が措定されているのである。

つまり「国家すなわち最高権力に属する権利は、各人の力によってでなく、多数者——あたかも一つの精神からのように導かれる——の力によって決定される自然権そのものにほかならない」（同、三五～三六頁）ということである。「各人の力によってでなく」という意味は、例えば「国家が二人あるいは、数人に対してこの力を与えて、その各人に自らの意向のままに生活することを許したとすれば、国家はこれによって統治権を分割したのである」（同、三六頁）という考え方を基本とするのである。こうしてスピノザの「多数者」の言説からネグリが「単一の形象に還元されない」としたことの位置づけが形成されることとなるのである。

そうこう考えていたときのことだ。マルチチュードをめぐり友人と議論した。その友人は「プロレタリアート」などという何か実体化された概念と同じように、「マルチチュード」を考えていた。

それでかどうか空理空論だと言っていた。

共産主義では民衆は「(世界)プロレタリアート」として前衛党という一つの真理(wahrheit ヴァールハイト)に組織化される均質な実体にほかならない。だがこれらと「マルチチュード」は決定的にちがうものなのである。

人間諸個人は人生のなかでさまざまな特異性を生きている。民族・国民性・身分・階級にはじまり、さまざまの地域・職場、そして家族があり、自分自身もいろいろな役柄・役割をもち、一概にこれといえない個性をもっている。そういうさまざまの特異性が特異性のままで、他の何者にも代表されることなく(カント風に言えば他律することなく)、結合してゆく共同的主体性がマルチチュードなのである。こういってよければ「世界マルチチュード」なのだ。

だから例えばマルチチュード(民衆の多数多様性)はナショナルなものを否定せずにインターナショナルに接合し連帯する。まさにハイブリッド＝〈異種〉の〈混交〉なのである。〈異種〉なのであり、それは「対立」も孕んだ連接なのである。わたしは一九七〇年の安保闘争にはどうにか間に合って、中学生だったがデモに行った世代だ。全共闘の集会ではみんな他のグループを揶揄するような罵声をあびせていたが、デモは協力して闘っていた、あのイメージだ。最近で言えばラディカル・デモクラシーということになるか(厳密に定義すると意見はいろいろあるだろう)。

それは「これからつくられるもの」ではなく、「すでにあるもの」の名づけであり、その「すでにあるもの」たちがどのようにむすびついて世の中をかえていくのか、そのマルチカルチュラルな組み合わせ、そういう関係性をマルチチュード(民衆の多数多様性)と呼ぶのだ。それは社会運動的関係性であり、かつての共産主義前衛党とセットになった「（世界）プロレタリアート」なるものではないのである。

「革命的プロレタリアート」「前衛党員」へは自分たちをなにか設計主義的に作り変えるような特別の空間（修道院的空間）が必要であり、特別の闘争が必要であった。だが「マルチチュード」は現にあるさまざまの社会活動が交差しあう関係の広場にほかならない。「民衆的マルチカルチャリズム」にほかならないのである。そういう多数多様性なのであり、この概念を実体主義的にとらえることはできない。それは絶えず変動する関係性、大衆運動なのである。

だから論理を逆から見れば、国民（である私・われわれ）も民族（である私・われわれ）も人民（である私・われわれ）もプロレタリアート（である私・われわれ）も、ハイブリッドに交差するとき、その関係性・大衆運動の中でマルチチュードを〈構成する〉のである。そういう関係概念としてマルチチュード＝民衆の多数多様性はある。それは現に存在しているのである。

問題はその中身・内容ということになる。

民衆の多数多様性は管理抑圧の舞台にほかならない国家権力にではなく、生きた人間の生活の舞台（アリーナ）である社会的諸関係を活動の舞台とする。その社会的へゲモニーは各種のＮＧＯ活動だ。それが日本なら例えば「民衆のアジア」をめざすと表明したりするのである。他にもさまざまな活動がある。それらは書けばきりがなく、とうてい私などが理解さえできていない重要な活動が無数に存在するのだ。

だがここでもう一つ、細かな分節をしておきたい。ネグリたちのマルチチュードの考え方と「労働者階級」概念について、おさえておくべきことがあるのだ。ネグリらの「労働者階級概念」の理解について本論は、明確に異和を表明したいのである。

ネグリは「マルチチュードの存在論的規定」(トマス・アトゥツェルト他編『新世界秩序批判』島村賢一訳、以文社、二二八〜二二九頁)において「マルチチュードは階級概念である」として次のようにのべている。「……しかし階級としての多数者は、労働者階級とは別のものとして把握しなくてはいけない。労働者階級という概念は、実際には生産と(概念上本質的に産業労働者と把握されているのだが)社会的協働に(というのも社会的生産の全体を考えると、生産者のほんの一部しかその概念は考慮していないからである)依拠した限定された概念なのである」。これに対して「マルチチュードを概念として把握するならば、搾取は協働の搾取として規定されるであろう。つまり、協働とは諸個人の共同ではなく、個別性の協働であり、個別性全体の搾取、全体性を構成しているネットワークの搾取、ネットワークを取り囲んでいる全体の搾取のことなのである」と定義する。

あるいは『ネグリ生政治的自伝』では「非物質的労働のオペレーターの階級です」(杉村昌昭訳、作品社、一四四頁)といっているのである。

具体的にはなにをイメージすればいいのか。次のような説明がわかりやすい。「工業労働においても、コミュニケーションと情報が中心的役割を果たすようになる。つまり、物質的生産を担う労働においても、……非物質的労働の性格が強まっていく。第一の形態の例として挙げられるのは、トヨタのジャストインタイムシステムである。このシステムでは、市場情報の生産計画へのフィードバック、すなわち生産と消費との間の速いコミュニケーションが重要な役割を果たす。第二の形態は、コンピューターと通信機器を使って、情報の加工や伝達をおこなう労働である……第三の形態は、ケア・サービスのような、人間と直接接する感性的労働である」（宇仁宏幸「ネグリの『非物質的労働概念』について」『現代思想』二〇〇三年二月号、一二〇頁以下）。このような協働の全体を非物質的労働と定義するというのである。

問題はここからである。労働価値説と価値法則論についての私のネグリへの異和をここで表明しておこう。ネグリは、「『近代の』搾取についての観念が（マルクスが記述しているように）」「労働をおこなうのが諸個人であるという理由によってのみ、この実行された労働が測定可能であり、価値法則によって表現されるのである」（前掲「マルチチュードの存在論的規定」一二九頁）としている。だがこれは投下労働価値説に他ならない。マルクスの賃金の規定は第一部第三章で詳述するように労働力という商品の価値の規定に他ならない。つまり市場生産価格に基づく決定なのであり、マルクスは、市場価値により決定され、比定された労働力の価値―協働の評価を問題にしていたのである。

ネグリらは先にみたようなポストフォーディズムにおける労働形態の変更――即ち「非物質的労働の主導権のもとにある生産組織は……分散型ネットワーク特有の無数の不確定な関係性へと変化する」（前掲『マルチチュード』（上）、一九二頁）、そのことによりコミュニケーションとネットワークによる協働をつうじて、「仕事時間と余暇時間の区別がどんどん曖昧になり、従来の労働日という概念が変質する」（同、一九〇頁）という。つまり個々の労働の時間的測定が不可能になったために、価値法則によっては表現されなくなったというわけだ。だが資本主義のすべての時期を通じて、労働力の価値は（マルクスが記述しているように）市場生産価格（費用価格＋平均利潤）によって決定されてきたのであり、そのことによって協働が価値付けられてきたことにかわりないのだ。労働の形態が「変質」しただけにすぎないのである。市場での評価をぬきにした個々の労働時間の測定によっては、決定されてはいないのである。

更にネグリたちは「ジョン・ロックによれば私的所有権を創出する労働は身体の延長にほかならないが、今日の身体はますます〈共〉になりつつある」（同、三〇三頁）とのべている。だが、「自己労働による所有」とはロックの概念なのであり、マルクスの労働概念は協働を基礎とするのである。マルクスの時代から（マルクスが記述しているように）労働―生産は〈共〉でしかなかった。人間は「われわれ」としてしか生きられないのであり、「共になった、ならない」とかいうのは、あまりにも形態論的な論法にほかならないのである。

さらにいうならば、マルチチュードというものを階級概念として規定する場合も、労働者階級の場合もその経済的特質が「抽象的人間労働」の売買であること、つまり労働力の商品化を機制としていることには変わりない。だからマルクス経済学的にはネグリらのように「産業労働者」と「非物質的労働（者）」を区別する明確な機制が発見できないと私は考える。むしろ労働者階級を「プロレタリアート」と「マルチチュード」へと分節することを私は提起したい。

プロレタリアート概念は歴史的に前衛党に組織される均質な階級主体であった。それは前衛党というネグリの否定する「一なるものへの」統合であり、多数多様性にたいして一なるものにおいて、多様なものを「代表する」ものである。だが民衆的権力において「闘士」は「代表するのではなく構成する」と位置付けられるものである（前掲『〈帝国〉』五一一頁）。まさに民衆的マルチカルチャリズム、民衆的ラディカル・デモクラシーにほかならない。そしてこの共同性を「マルチチュード」と、これはネグリがいっているとおりにいえばいいのではないか。つまり、マルチチュードとは階級概念と規定されるときも、社会運動の主体能動性において労働者階級や人民を位置づけるときに主体的に表明されるような概念ではないかと、考える。どうだろうか。この点を提起しておきたい。

ここで廣松哲学と「マルチチュード」の概念的な親和性が一つの問題となってくる。この点は第一部第二章においてのべることとなるが、要は廣松がマルクス主義者だったこととの兼ね合いの問題である。

例えばこうだ。「プロレタリアートの政治的指導部が政治権力を掌握する政治革命が成功した場合でも、下部構造はまだ旧体制のままのこっており……云々」（『今こそマルクスを読み返す』講談社現代新書、一六五頁）と、廣松は一九九〇年に上梓した文献でこのように言っている。ここでは硬質な指導部観が漂っているという以外ない。だが廣松の革命組織論はもともと、こうした前衛的指導部の存在を次のように相対化していることがおさえられるべきなのである。

「大衆運動の物象化と前衛の問題」は一九七〇年に「京都大学新聞」一二月七日号に掲載されたが、そこで廣松はすでに、前衛主義の問題を以下のようにのべているのである。ここでは「前衛―大衆」図式が問題にされ克服の対象となっている。

「用具としての大衆、それは〃前衛〃にとって一つの操縦の対象となる！　この主体―客体の両義性は、〃前衛〃集団内部の指導―被指導の関係が人格的に固定化されるとき、全く同一の論理構造によって〃下部党員大衆〃を操縦の対象と化してしまう。ここにおいて資本主義的生産の体系にみられる管理─操縦のヒエラルヒーと同一構造の官僚主義的管理操作体系が、前衛と大衆との関係はおろか、〝前衛党〟の内部にまで成立することになる」（『新左翼運動の射程』所収、ユニテ、一三八頁）と。そして廣松は大衆から「超越的な定在」として構えをとる前衛党の存在は、「近代的世界観の地平を画する根本図式」たる主客二元論の構成で前衛─大衆の関係をとらえたものだと述べているのである。

つまり廣松は〈前衛＝指導者─大衆＝被指導者＝操縦の対象〉といった構造を否定しているのだ。党と大衆の協働主観的関係が前衛主義によって展開できなくされている、そのことを全共闘運動の経験をふまえて論じたのだ。

そして廣松は次のように提起している。「前衛とプロレタリア大衆との対自的協働が成立すること、プロレタリア大衆を『主体われわれ』として形成すること」により「前衛─大衆という当の矛盾構造が広汎な大衆とのあいだで自己止揚される」（同、一四九頁）と。七〇年当時は日本の左翼運動には「マルチチュード」概念などはなく、廣松は「大ブント」（ブント＝共産主義者同盟。新左翼の組織の一つ。何派にも分かれて存在していたし、今もいる）を構想していたから、このことは党をどのように作るかという問題意識を背後にもっている。だが、この廣松の考え方は〈一つの真理によって組織が作られたあとはエネルギーの問題だというような、「一なる真理」の同心円的で悪無限的な拡大として運動を構想すること〉への否定にほかならないのである。人々の協働連関を対自化し、多様な意志が交差する運動がこの廣松の言説からイメージできるものとしてあるだろう。つまりわたしが先に論じたように「前衛党─プロレタリアート」という均質化され絶対化された「指導

―被指導関係」を否定するということが、考え方として、すでに三五年も前に廣松によって開示されているということなのである。そして私はその廣松の言説を継承・発展させようとするものである。

ここに廣松の「前衛―大衆」図式を超えるという問題意識と多数多様性（マルチチュード）の親和性が存在するとわたしは考えるものである。そしてこのような民衆の「主体われわれ」としての対自的な協働の組織化をつうじて新しい正義が、資本主義的価値にかわる正義が生み出され、実現するのだ。

本書でのべたように民衆の反戦平和運動にとって近代国家はいまや一片の正義をも映し出してはいない。まさに新しい正義が確立されるべきなのだ。それは近代国家―資本主義的世界空間を相対化する作業のはじまりのなかで開始される。近代国家と資本家的商品経済社会にその協働を疎外され、管理抑圧の空間に回収・統合されてきたのが民衆の多数多様性だ。だが世界は民衆の多数多様性＝マルチチュード（関係）が作り出したのだ。その社会的諸関係は国家に物象化されつづけてきたのである。マルチチュードのものはマルチチュードへ！〈社会契約〉を民衆の多数多様性にもとづいて構成しなおすことが必要なのである。このことが今ほど問われているときはないのである。

●ロシア・マルクス主義をこえる民衆的マルチカルチャリズム

本書はまさに新しい「正義」の問題を考察しているのだが、今日的に論じられている「正義論」に関説してジャック・デリダやシャンタル・ムフ、リチャード・ローティ、ユルゲン・ハーバーマスなどとの間でのもろもろの論争などについて論じる暇はほとんどなかった。浅学なわたくしにとっては形式論理としか考えられないからである。

ただムフが言っているように、「合意」よりも「対立」を重視する立場が多元的民主主義の方法だろうということは指摘しておきたい。コミュニケーションの結果、「最終的解決に達しうる」と信じること、そういう「合意」論的アプローチというのは全体主義的であるとムフが言うのは、そのとおりだろう。こうした「合意」主義の裏側には目的論がすべりこみやすい。なぜならヘーゲル的合意論とでもいうべきものを考えればいいだろう。つまり〈対立を止揚する絶対〉が措定されることにもなりかねないのである。多元的民主主義は対立があることを生物学的自然として、それをむしろいかにコントロールするか（そのようなものとして構成するか）を想起させていくものであるはずである（シャンタル・ムフ編『脱構築とプラグマティズム』青木隆嘉訳、法政大学出版局、などがある）。

なお本書の内容と、わたしが二〇〇〇年に刊行した『前衛の蹉跌』（実践社）との間には、基本的な論理構成として矛盾している視点があることを明記しておく。その論文は、前述した社会契約論の解釈の違いの他には、前著第九章「アデュ・ドゥルーズ」である。

例えば次のような一節が該当する。「孤独だ。『多数多様体』という一見にぎやかなイメージがしても、人々の動きが方向づいていくこと自体が否定されるのであるなら、共軛を長期にわたって蓄積し理解しあう協働、類的共振をつくりだすことなどできないのである。そこに彼らの『自由』論の限界が露呈している」（二〇九頁）と。

これはドゥルーズらの書いた『アンチ・オイディプス』の英語版序文にフーコーが書いた「政治

的実践は多数多様体をつくるようなものにしなければならない」という言説を私が価値相対主義と批判した文脈なのだが、本書では反対に、かかる「多数多様体」を直ちに価値相対主義となで切るのではなく、民衆的多数多様性という枠組みを与え、新しい正義を実現する主体性・共同性として宣揚する立場をとるようになったから生じた矛盾にほかならない。

また本書第一部第三節のように資本主義のアトミズム批判においてマルクスの言説を駆使したことも異なっているといえるだろう。

『前衛の蹉跌』では、例えばブハーリンの「擬制的労賃制」を解説したくだりで、「労働価値説を信奉するのでもなければ、これ以上この規定について論述することは無意味である」（五三頁）などと、マルクス価値論（を中心とした資本主義批判）を使った分析手法そのものからの全面的な撤退をスタンスにする文章などが見られるが、本書では市民社会批判の武器としてマルクスの資本主義批判――主に資本論第一巻「原始的蓄積」論、「協働」（労働の資本への実質的包摂）論、第三巻市場生産価格論を機軸として――を使用している。

アトミズム批判においてそのもっともラディカルで系統的な批判の武器はマルクス以外にないのである。「資本主義を批判することは直ちにロシア・マルクス主義が教義化したような計画経済を展望することだ」という見解もあるかとおもう。だが、それはそう考えることそれ自身がロシア・マルクス主義のパラダイムでものを考えているということなのだ。私も昔はそう考えた。だが今は違うと考えている。それは本書にあきらかである。私は現在的には、マルクスの資本主義批判をラディカルに継承しうる思想は国家集権主義に反対することによってであると考えているのである。

例えば「第三者の誰かが諸君の運命を決定すること、これが官僚制の本質のすべてである」と、ロシアボルシェビキ労働者反対派（ロシア革命での内戦当時、ロシアのドネツ、ドン、クバン地方、ウクライナやサマラ、モスクワなどいくつかの州のボルシェビキ組織と金属産別労働運動を拠点としていた）のアレクサンドラ・コロンタイは一九二一年初頭に発表した「労働者反対派」の中で書いている。民衆は何者にも「代表」されない、それは自分たち自身で自治権力を「構成する」のだという考え方の表明なのだ。しばしばコロンタイたちに投げかけられてきた「アナルコ・サンディカリズム」という「非難」は、実は〈賛辞〉なのであると、わたしは考えるものである。

マルクス・エンゲルスが定義したような共産主義はなぜ無理なのか。なぜなら計画経済は国家権力を増殖させてしまったからである。一国的な労働者国家においても国家は半国家＝コミューン型国家として維持するというのがマルクス主義のユートピアであった。しかし計画経済は『前衛の蹉跌』でその機制（メカニズム）を解明したように、だれがやっても官僚独裁を現出させるシステムにほかならなかったのである。ある種の誤解をおそれずに言うならば、スターリンやレーニン、トロツキーらの官僚主義的政策なるものをいくらあげつらっても、それはいまとなっては仕様がない話なのである。彼らはすべて計画経済というパラダイムのなかで考えていたのだからである。トロツキーなどはそういうパラダイム的限界をもちつつ、スターリン主義者と闘ったのだということだ。問題は計画経済というメカニズムの問題だったのだ。国家集権主義の問題なのである。本書はその問題を国家――市民社会論の視角から論じなおしたものともいえるだろう。

なおある種の混乱が生起されないために、あらかじめのべておくと、私はネグリの「マルチチュード」概念は民衆の多元的民主主義、民衆的マルチカルチャリズムを表現する概念なので主体的に採用するものである。だが『〈帝国〉』の超国家（国民国家主権衰退論）という概念は結局・どうしても採用できないという結論に達した。なぜそうなのかは本書第三部第一章をどうかお読みいただきたい。

それも含め本書は廣松の議論をベースに論じられている。このことを最後に確認して、序に代えたいと思う。

第一部——廣松哲学と近代国家論

第一章　近代国家と主権形態

——コナトスと社会契約の物語

●カール・シュミットの〈主権〉論

近代国家の政治的特性を一言でいうならば〈自己保存〉である。これからのべる社会契約論も全体主義も、国家と主権の概念も結局はこの自己保存欲求（conatus コナトス）をいかに、どのように、国家が国民に保証するのかということをめぐっての話なのだ。

そこで主権的な考え方の典型として、ナチス・ドイツの政治・国法学者、カール・シュミットの「政治概念」がまず考察されねばならない。欧米政治学における主権概念の基本的な考え方が表明されているからだ。シュミットの主権概念は〈敵〉という概念の考察をポイントとする。「友・敵・闘争という諸概念が現実的な意味をもつのは、それらがとくに、物理的殺りくの現実的可能性とかかわり、そのかかわりをもちつづけることによってである。戦争は敵対より生じる。敵対とは、他者の存在そのものの否定だからである」。「敵という概念が意味をもち続けるかぎりは、戦争が現実的可能性として存在しつづけなければならない」（『政治的なものの概念』田中浩ほか訳、未来社、二六頁）とのべる。

では敵とはどんな存在か。「敵とは、他者・異質者にほかならず、その本質は、とくに強い意味で、存在的に、他者・異質者であるということだけでたりる」（同、一六頁）。国家共同体の共同主観性（正義）—国益に敵対し、これを破壊するようなものは「他者」「異質者」と規定されるということだ。

では国家において敵との戦いとはどのようなことなのか。政治的な力が「国家権力を握り主体的に友・敵を区別し、必要とあれば戦争を遂行する、という能力ないしは意志をもつまでにはいたらないのであれば、その場合政治的な単位は崩壊しているのである」（同、三五頁）。つまり具体的な敵に対し「重大事態をふまえての結束だけが、政治的なのである」が「例外的事態を含め、決定的事態について決定権を、概念上必然的につねに握っていなくてはならない。という意味において『主権をもつ』単位なのである」（同、三六頁）と展開する。

では、この「主権をもつ」とはどういうことなのか。これがポイントである。

「政治的思考および政治的本能は、理論的にも実際的にも、友・敵を区別する能力によって実証される。重大な政治のクライマックスは同時に敵が具体的な明瞭さで敵として認識される時点なの」（同、八四頁）であり「決定的事態において決定する単位」（同、四四頁）でなければならない。これが国家に要求されるべき政治的単位についての資格であるということだ。

つまり〈ある所与を敵という意味的所識で認識できるか。そもそもある事態をこれは例外的・非常事態的な事態であると現認し決定できるか〉、その能力が政治的単位に問われているということである。

政治的単位の指導者が例外的事態を例外的事態「として」意味的に現認できないとき、その政治的単位は攻撃してきた敵に倒されるということだ。この政治的単位が国家である。まさにかかる例外事態の「決定者」が主権的単位ということである。

シュミットは『世界国家』が全地球・全人類を包括する場合には、それはしたがって政治的単位ではなく、……たんに経済的な」統一であれば「社会的単位」であるにすぎないともいう（同、六八頁）。

ここからさらに具体的な主権の行使として「交戦権」を示し、さらに内戦では「内敵宣言」の機能をもつとする。事実ドイツではワイマール憲法第四八条第二項は大統領の「緊急命令権・非常権限」を規定していた。これにより大統領は非常事態の場合、憲法の諸基本権を停止したり、その規定から逸脱し、戦時体制において必要な一切の処置が取れる権限をあたえられていたのである（詳しくはカール・シュミット『大統領の独裁』田中浩ほか訳、未来社、参照）。

政治的な単位とは近代社会において人々がコナトスを充足するための単位ということにほかならない。まず、これが国民大衆と国家との社会契約の内容の基本にあることである。民主主義国家も全体主義独裁国家もその約束を如何に実現するかで、分岐するのである。

●社会契約国家と社会実在主義国家の主権

例えば廣松渉は「社会とは名目のみで実体は諸個人だけとする社会唯名論もあれば、社会こそが実体で諸個人は肢節にすぎないという社会有機体論もある。が実体こそが真に存在するもので関係はたかだか第二次的な存在にすぎないと見做す点で共通している」（「東北アジアが歴史の主役に」『廣松渉著作集』（以下著作集とする）第一四巻、岩波書店、四九八頁）といっている。この二つの実体主義の対立は古い。「前期スコラ哲学においては、『普遍は実在性をもち、個物に先立って存在する』という『実念論』（リアリズム）の主張と、『普遍は単なる名辞（思考による抽象の産物）にすぎず、ただ個物だけが実在する』（普遍は個物の後にある）という『唯名論』（ノミナリズム）の主張とが相対立した」（中村雄二郎ほか『思想史　第二版』東京大学出版会、八八頁）のである。

近代にいたり全体主義と個人主義（アトミズム）の対立へと展開してきたのだ。ここには社会とはなにか、という問いがある。廣松はたとえば「唯物史観と国家論」（著作集第一一巻）ではマルクスにつぎのように解かせている。

「『社会とは何か？　人間の相互的連関の所産だ』――一八四六年の末アネンコフに宛ててこう書いたマルクスは『経済学批判要綱』では『社会は諸個人から成り立っているのではない。社会とはこれら諸個人が相互にかかわりあっている諸関連、諸関係の総体』にほかならないと明言する」（同、四〇三頁）。このことは社会契約論のように「自立的な個人がまずあって彼らが社会的関係を取り結ぶのではなく、動力学的な相互連関の方が……『個に先立つ』のであり、諸個人は、この函数的機能的関係の『項』として、関係によって先立たれるものとして了解される」（同）のである。「この『項』目を実体化することによって社会唯名論が成立し、当の機能的連関の総体を実体化してしまう錯視によって社会実在論が生ずる」（同、四二四頁）。マルクスたちは「これら二極的な形態で錯視される与件の真実態は諸個人がそこにおいて参与するところの協働連関であることを洞察し、二重の実体化を斥ける」（同）と廣松はのべている。世の中にあるすべての実体はそのもので自立的に発生し存在しているものは一つもない。物質的な諸関係のなかで現象している。そういう関係の項としてつくられているということだ。

例えばファシズムの社会観は社会実在論である。第二次世界大戦期の日本・ドイツなどでは民衆が「平和に生存する権利」を否定して人民に対し苦役を強制したし、人民の自由の実現という権利を否定した。

国家は人民に対し「お前が存在するのは私が存在するからだ」という恫喝的な言語秩序を組織する。諸個人の連関に対して、「社会なるもの」を実体化させた考え方が全体主義（社会実在論）なのだ。

社会実在論には国家有機体説がある。「諸個人は国家という有機体を生命とする。国家がなくなれば諸個人は存在しなくなるので、諸個人は国家の命令に服従せよ」という考え方である。日本でも戦前のような公益優先思想による基本的人権の侵害、有無を言わせぬ戦時動員、戦時徴用、国家総動員法に基づく朝鮮人強制連行などはその典型であった。ナチスのユダヤ人大量虐殺なども「ドイツ民族の純血」とか、優越民族の自己保存の権利といった社会ダーウィン主義（戦争や他民族抑圧を民族間の生存競争、淘汰として理由づける思想）にもとづくものだ。例えばアウシュビッツなど強制収容所はいうに及ばず、ユダヤ人とドイツ人の結婚を禁止した一九三五年の「ドイツ人の血とドイツ人の名誉保護のための法律」などは社会ダーウィン主義の典型である。

こうした社会実在論の対極に社会唯名論にもとづく社会契約論が展開してきたのである。結論からいうならば、これらの形態はいずれも表徴（代表）権力として民衆＝多数多様性を、たえず国民国家の枠組みに拘束しコナトスの保証態としての国家へと統合せんとする二つの方法として展開されてきた。だが、ここで問題にしたいのは、それらは対立的であったばかりでなく、相補的でさえあったということである。

●ホッブスの「コモンウエルスの魂」の概念

社会契約国家の位置づけを簡単にたどってみよう。

一七世紀ヨーロッパの政治・法哲学者、ホッブスは、一六五一年の『リヴァイアサン』で「国家＝コモンウエルス」を次のように定義している。

国家の目的は「万人の万人に対する闘争」からの人々の「自己保存」である。「外敵の侵入から、あるいは相互の権利侵害から身を守」るのは「公共的な権力である」。この公共的権力は「一個人あるいは合議体」であり「すべての人の意志を多数決によって一つの意志に結集できるよう、彼らの持つあらゆる力と強さを譲り渡してしまうことである」。つまり諸個人は代表権力によって安全＝自己保存の保障を得るという考えを基軸とするのである。「それはコモンウエルス――ラテン語では〈キウィタス〉と呼ばれる」。「コモンウエルス」の「主権者」は「平和と共同防衛」を保証する「人格」であり「そして彼以外のすべてのものは彼の〈国民〉である」。多数決の原理に服従することで「他の人々から保護してもらうことを目的としたとき」コモンウエルスは「設立」される。国民は「主権者の行為、判断を認めることを契約により義務付けられている」。ホッブスにとって最良の形態は絶対主権をもった君主制だ。主権者＝君主の決定は国民の義務となる。この〈代表権力〉は次のような主権的権限をもっている。

「主権者」には「他の民族、あるいはコモンウエルスと戦争を交え、和を講じる権利がある。それはいつそうすることが公共の権利になるのか、その目的のためにどのようにして巨大な戦力を結集し、武装し、これらに費用をかけるのかについて判断」し「国民に課税する権利がある」（以上引用は永井道雄編『世界の名著23　ホッブス』中央公論社、一九二一〜二〇三頁）。

ここでのポイントは「主権者に対する国民の義務は、主権者が国民を保護できる権力を持ち続けるかぎり、そしてその限りにおいてのみ、継続するものと考えられる。人間にはほかに誰も保護してくれる者がいない場合に自己保存という生来の権利があり、いかなる契約によろうとも、これを譲渡することはできないからである。主権はコモンウエルスの魂である。魂がひとたび肉体から離れてしまったあとでは、肉体の諸部分はもはや魂から運動をうけとることはできない。服従の目的は保護を得ることにある」（同、二三九頁）。

つまり主権的単位としての君主が自己保存の契約を履行できないときは、国民はその君主を自分たちを代表するものとは見なさないということである。

このホッブスの社会契約的主権国家の規定は近代国家のイデオロギー的な原型になるものである。ホッブスから出発して、ロック、ルソーへと展開する社会契約論は、「自然状態」にバラバラに投げ出されたアトムとしての諸個人が自己保存のために契約をむすぶという、社会唯名論にもとづく人間観を舞台回しとして、社会契約が君主の絶対主権を前提とするものから、議会制度を前提にするもの、さらには人民主権にもとづく共和制を前提にするものへと展開していく過程である。それは近代市民（ブルジョア）国家の統治技術の変遷の過程である。そしてこのような秩序の基軸がブルジョア人権思想であり、その最終的な秩序防衛の権利が「民衆の抵抗権」と「国家の自衛権」にほかならなかった。そしてこの社会契約理論の展開に対してフランス革命の挫折を媒介に、ヘーゲルが神の絶対精神論を機軸とするジットリヒカイト（人倫）主義国家へとそれらの「自己保存」契約を回収していく舞台回しとなるのである。

●アトミズム的所有観を基礎とした社会契約論

ロックの社会契約説はホッブスにつづく第二幕である。ここでは「自己労働にもとづく自己所有」（この問題点については本書第一部第三章を参照）がタイトルになっている。一六九〇年の『統治論』では次のように述べている。

「だれでも共有（自然の諸物——引用者）であったものにすすんで労働を投ずれば、どこにおいても労働がこの人間に所有権を与えた。……世界の一部の地方では（人と家畜の増加が貨幣の使用と相まって）土地が払底し、それが何がしかの価値をもつようになった。そのためさまざまの社会でそれぞれ個別の領土の境界が定められまた社会の内部でも法律によってその社会の私的な個人の所有権を規制した。このようにして労働と勤勉によってはじまった所有権は契約と合意によって確定されることになった」（四五節、大槻春彦編『世界の名著27　ロック　ヒューム』中央公論社）のである。ロックはその社会契約が履行されるため、議会主義を表明した。

「社会における人間の自由は人々の同意によって国家の中に確立された立法権以外のどのような権力にも従属しないということである」（同、二〇六頁）ということだ。そして権力が腐敗した場合、財産と自由をまもるためその目的を履行できるような政府を設立するための抵抗権・革命権を表明する。

「人間が社会を取結ぶ理由は、その所有の維持にある。……もし立法府が、社会のこの基本的原則を破るならば、そうして野心なり、恐怖なり、愚鈍なり、もしくは腐敗によって、人民の生命、自由および財産に対する絶対権力を、自分の手に握ろうとし、または誰か他の者の手に与えようとするならば、この信任違反によって、彼らは、人民が、それとは全く正反対の目的のために彼らの手中に与えた権力を没収され、それは人民の手に戻るようになる。人民は、その本来の自由を回復し……新しい立法府を設置することによって彼らが社会を作った目的である自分自身の安全と保障の備えをする」この原則は「最高の執行権力者についても当てはまる」（『市民政府論』鵜飼信成訳、岩波文庫、§二二二）。

小林直樹ら法学者の通説に従うなら、これらの抵抗・革命の自然権はあくまでも民主主義社会契約の回復のために設定されているのであり、本来、秩序回復という意味では保守的な性格をもつのである。そして封建体制からの解放ということにおいてはじめて革命的な性格をもつとされる。したがって「社会主義革命」のような社会革命の位置づけとはことなるものである（小林直樹『法・道徳・抵抗権』日本評論社、三一〇頁。橋本公亘『憲法原論』有斐閣、一九六七年、二七一頁以降を参照。このより詳しい説明については拙著としては『前衛の蹉跌』九七頁以降参照)。

なお廣松は、以上の「ホッブス・ロック的な国家=社会理論」を「commonwealth キヴィタスという形で一体的にとらえられていたところの『生活共同体』=『政治的共同体』」と定義し、この国家観が一八世紀をむかえると資本主義の勃興から、大きく転換をとげる。そこでキヴィタスとは「およそ異質の、スタトウスとしての国家、階級的支配の機関としての国家という思想が打ち出されるにいたる」とのべ、これをアダム・スミス的な国家観、つまり「必要悪としての国家」とし、「『国家は社会的紊乱を防止するために必要な配備であるが、……社会内における平和の利害が可能ならしめる限り、国家制度を縮小ならしめることだ』という提題に集約することができよう」(「唯物史観と国家論」前掲、四六五〜四六七頁)とのべる。つまり廣松いうところの近代ヨーロッパの国家観念の二類型としての civitas キヴィタス(国家統体説)と status スタトウス(国家機関説)としての国家観が指摘される。前者は共同体的国家観、後者は国家を社会運営の機関とみる国家観であるが、この場合後者は典型的な夜警国家説と定義されるのである。このような夜警国家論は近代の主権国家論、強大な主権の行使者としての権力国家観とは明らかに矛盾するものである。したがってこの点については本論(の立場)では、基本的観点の確認にのみとどめることにする。ホッブス、ロックの次はルソーが次の幕をあけるのである。

●ルソー民主主義社会契約論の二面性

一七五五年、ルソーは『人間不平等起源論』をあらわした。これが社会契約論の第三幕の舞台回しだ。タイトルは「一般意志」だ。ロックとは違い、ルソーの「戦争状態」はロックが市民の権利のポイントとして打ち出した「自己労働による所有」が万人の中に戦争状態を作り出しているというものである。「一方では競争と対抗意識と、他方では利害の対立と、常に他人を犠牲にして自らの利益を得ようというひそかな欲望。これらすべての悪が私有の最初の効果であり、生まれたばかりの不平等と切り離すことのできない結果なのである」（本田喜代治ほか訳、岩波文庫、一〇三頁）。このような不正な「戦争状態」から自己保存を目的として社会契約がめざされる。「共同の力をあげて、各構成員の身体と財産を防衛し、保護する結合形態を発見すること。この結合形態によって各構成員は全体に結合するが、しかし自分自身にしか服従することなく、結合前と同様に自由である、これこそ社会契約の解決する基本問題である」（『社会契約論』井上幸治訳、中公文庫、二四～二五頁）。「われわれの誰もが自分の身体とあらゆる力を共同して一般意志の最高の指揮のもとにおく。そうしてわれわれは、政治体をなすかぎり、各構成員を全体の不可分の部分として受け入れる」。「構成員についてみると集合的には〈人民〉という名称をとり、主権に参加するものとしては個別的に〈市民〉、国法に従うものとしては〈臣民〉とよばれる」（同、二六頁）とルソーは定義する。

まさに主権者は国家を構成する人民そのものである。人民主権国家は直接民主制の共和主義国家である。「人民は代表者をもつやいなや、もはや自由でなくなり、もはや人民として存在しなくなる」（同、一二九頁）。一般意志はこのような直接民主制から創造される。このようなルソーの社会契約論は民主主義の原則をのべているだろう。だが、契約の前提についてルソーは次のようにものべている。ルソーにとっての〈契約〉の意味が、ここにある。

「社会契約は契約当事者の生命維持を目的とするものである。……市民は法が危険に身をさらすよう要求するとき、もはやこの危険を云々する立場にはない。執政体が『おまえの死ぬのは、国家のためになる』といえば、市民は死なければならない。それまで彼が安全に生活してきたのは、そういう条件下においてのみであり、その生命はもはや単に自然の恵みでなく、国家の条件つきの贈り物であるからである」(同、四八頁)と規定するのである。一般に近代国民国家の原則として個別的自衛権が存在するかぎり国防は主権者の義務である。そして国家は市民を守る契約によって存在する。これは租税の根拠である。だがそれ以上のあることを、ルソーの言説は意味しているのである。

ルソーの二重性――民主主義のルソーと全体主義のルソーが存在するという話だ。ここにおいて、ルソーが実はホッブスからカント、そしてヘーゲルへと至る系譜の線上に位置しているという問題がある。民主主義(運動)はヘーゲル全体主義国家への対抗としてルソーの人民主権論を対置してきた。わたしもその一人だった。しかし、ルソー思想もまたヘーゲルへといたる国家理性の共有者であり、実のところ全体主義に回収されざる民主主義(運動)を近代国家の埒内にとどめておこうとする近代国家の予防思想にそれはほかならなかったのである。

カッシーラーは『ジャン＝ジャック・ルソー問題』(生松敬三訳、みすず書房)で次のように述べている。

人が「ルソーの『社会契約論』に対して発する異論はそれが原子論的―機械論的な理論であり、国家の全体的意志というものを一切の個々人の意志から合成されるたんなる集合物とみなしているということであった。しかし、この非難はルソーの根本的意図の本質を見誤っている」（三一頁）。カッシーラーはルソーが百科全書のために書いた「政治経済論」がもっとも雄弁にその立場を語っているとしてルソーを引用している。「法のみが人間に正義と自由をあたえる。……この神の声はすべての市民に対して普遍的理性の規範を確立し、市民に自己の判断の格率にしたがって判断し、自分自身と矛盾におちいらないようにすることをおしえてくれる」（同、二七頁）。「自由はかれにとっては恣意を意味するものではなく、いっさいの恣意の克服と排除を意味している。自由とは、個人が自分の上に立てる厳格にして犯すべからざる法則への束縛を意味する……そしてこれは一般意志、国家意志において実現される」（同、二三頁）とルソーはのべているのだ。

カッシーラーは「法の絶対的普遍妥当性に対するこのような賛辞は、ルソーの政治的著作すべてを貫通している。……しかしながら、たしかにルソーはまさしくこの点において、もっとも大きく、またもっともしばしば誤解されてきたのである」と述べる。

そしてルソーを正しく理解した人こそカントだったというのである。カントとはちがって、「通常のルソー理解、ルソー解釈はここにおいて正反対の別方向をとることになる」、そこでは「自由の意義や目的は人間を法律の圧迫や強制から解き放つことにあるとされる」（同、二六〜二七頁）。だがそのような理解とは反対に、ルソーは法のみが自由をあたえるといっているというのが、カッシーラーの意見である。ヘーゲルはこれから見るようにルソーの社会契約説を批判し、カントの道徳法則も批判した。だが、カントはヘーゲルの全体主義に対して単純にアトミズムの系譜にあるといえるほど簡単ではなかった。ルソー、カント、ヘーゲルには法─国家の絶対性という考えにおいて貫通しているものがあるのだ。

●カントの国家共同体主義的権力観

カントは言っている。

「人間の内で、みずからの理性の使用をめざす自然素材が完全に展開するのは、ただ類においてのみであり、個人においてではないはずである」。「理性はそれ自身、本能的には働かず、試行と練習と授業を要する」(「世界市民的見地における普遍史の理念」坂部恵編『カント全集』第一四巻、福田喜一郎ほか訳、岩波書店)のだと。理性を共同主観性と読み替えればなるほどと納得がいくところだが、それはともかく、カントはかかる「理性的存在者」の概念が「目的の国」という概念に通じているとして次のようにいうのである。「私は国ということで、さまざまな理性的存在者が共同の法則を通じて体系的に結合していること、を理解している。……共同的な客体的法則による理性的存在者たちの体系的結合が、すなわち一つの国が生ずる」(「人倫の形而上学の基礎づけ」前掲『カント全集』第七巻、七一〜七二頁)。

カントのこの客観的な「共同の法則」を通じた目的の国の言説は社会唯名論(個人原理)に回収されない〈類〉的存在の論理(人は類として生きるという考え方)を表明するものではないか。

このことはカントにおける「抵抗権」の否認の問題とも連関しているだろう。

「国民が法的効力を持って最高の国家権力に関して判定を下しうるためには、国民はすでに一つの普遍的立法意思のもとに結合しているものとみなさねばならないのであるから、現在の国家統治権者（最高命令権者）が欲する以外の判定をくだすことはできないし、下してはならない」（「人倫の形而上学」野田又男編『世界の名著32　カント』中央公論社、四五七頁）。「個人的人格としての統治権者に対して、彼の権力の濫用（暴政）を口実として彼の人格……生命さえも侵犯する」者は「祖国を転覆させようと企てる者として、死刑よりも軽い処罰を受けることはありえない」。抵抗権の行使は「憲法」が「現立法者」に対し、臣民を優越なる主権者とすることであり、そういう規定は「現立法者」からその資格を奪うので「自己矛盾」だというわけである。国家制度の変更は「革命」ではなく「統治権者自身による改革」や「（議会における）国民の拒絶だけが許される」というのである（同、四五九～四六二頁）。

「租税や徴兵等々にあたって、公費負担の配分に関する平等性の法則に違反したとしても、臣民はこの不正義に対し不服申立をなすことはできるにしても、何らの抵抗もなすことを許されない」（同、四五八頁）と。

廣松がカントは「人民から一切の抵抗権を奪ってしまう」とし「近代ブルジョア国家論は後進的ドイツのカントにあっては……――啓蒙主義的な絶対君主主義への待望――実践的にはおよそ旧体制にとって無害な〝理論〟の埒を出ない」（「唯物史観と国家論」著作集前掲、五〇九頁）という所以である。

カントが抵抗権・革命権を否定したのは「革命」を「戦争」のほうから見ていたのではないかという説明が野田又夫によってなされている（前掲『世界の名著32　カント』七六頁以降）。「カントは歴史を世界公民的法秩序を目標とする過程と見た」が、戦争をなくして永遠の平和に入る過程であり、革命が「法秩序を破壊」するところまですすむと「自然状態」（＝戦争）にもどってしまうので否定したという分析である。わたしは反戦平和運動に関わるものとして、こういう見解をすべて否定しようとは思わない。だが、カントにおける世界平和のための確定条項として各国の公法体制は共和的でなければならないという規定がある。そうした共和制近代国家の下での「平和」だということだ(『永遠平和のために』宇都宮芳明訳、岩波文庫、参照)。そもそも国家権力の抑圧的な動きに対する民衆の抵抗を国家のみがコナトス契約を守るという言説の秩序に回収し、体制内化せんとする近代国家の支配理念として、カントの国家論は前提的に存在するのである。

まさにカントの国家観は近代国家が国家の権力者・支配層・支配階級の利益のために、国家主権というものに民衆を回収し自己同一化を強制し、国家に動員するということを国家共同体主義として表明したものに他ならない。

この問題を廣松は次のように解き明かしている。

カントの社会観は「それは恐らく、ホッブスやルソーの自然状態のごときアトム的に孤立した諸個人の表象とは別途の了解に支えられている」。「先進国英仏の思想界との対比でいえばやはり、謂わゆる〝ドイツ的人間観〟の大枠に収まっているわけである」(「唯物史観と国家論」著作集前掲、五〇二頁)ということだ。

このことを廣松は南原繁『政治理論史』を援用して論じている。

「カントにおいては……すべての人に共通な経験的利益目的ではなくまさに理性それ自身の普遍的法則が目的原理であり、各人は自由の立法者としてこれに参与する」そういうものとして「啓蒙の自然主義的個人主義が止揚され、国家は……絶対的な法的当為の要請として解されるに至った」。

こうして国家共同体の理性の要求に個人は「自律的人格として結合する」というわけである。廣松はカントの法―国家論にあっては「純粋な意志の発現は共同意志 gemeinwille の発現として共同的gemeinsam であるということ、このような人間了解を背景にして……構築されている」。そしてカントにあっては「近代的個人主義の構図……に即して、英仏の平等主義的な同型性の理論をそれなりに整合的な仕方で処理しえた」(同、五〇三〜五〇五頁)のだということだ。

こういうわけで形式的には社会契約論の形、個人の位置づけを設定しつつ、その内容として、国家共同体的・社会実在論的な論理だてを組織するという仕組みをカントはつくったのである。これに対してヘーゲルはそのカントがつくった社会契約論的個人主義と整合しうるような形式を問題にし、そこからカント哲学への全面的な批判を展開したということになるのである。

まさにヘーゲルの神の絶対理性の自己実現・現実態としての理性国家はこうしたカント哲学が、今一度、フランス革命の自壊に対する総括を踏まえたところで、ヘーゲルにより対自化されることをつうじて成立するのである。

●ヘーゲル「ジットリヒカイト」概念とコナトス(自己保存欲求)

ヘーゲル国家論はフランス革命に揺さぶられていたヨーロッパ世界において出現した。そこでは個人を原理とした自由主義が、どれだけの不自由をつくりだし、世の中を混乱に陥れているか、その自由主義の破産とそれの乗り越えということがヘーゲルが企図したことだったのである。そこでヘーゲルが攻撃した理論的な対象はカントだった。

ヘーゲルはカントに対して〈自由は個人をこえた共同体への個人の同一化にある〉として次のように批判した。この批判のポイントはヘーゲル哲学の概念の中では、カントの国家観は、「理性国家」よりも低い「悟性国家」のレヴェル（「悟性国家」とは「市民社会」の言いかえだが、この規定は後述する）にとどまっているということである。

「カントのいうところでは、各人の自由の基準にかない、各人の自由にもとづき、共同体の法律にしたがってなされる行動が正義です。さまざまな個人の『わがまま』が全体として調整されねばならないが、『わがまま』はたがいにうまく折りあうものではないから、調整するには共同体の法律が必要です。いわれていることは一面では正しく、一面ではまちがっている。問題とされているのは、個人の権利である財産だけであって、財産にはたしかにわがままや偶然の要素がつきまといます。が、権利（正義）というものは、わがままのゆるされる存在だけにかかわるのではない、というか、法はわがままという形の自由を基礎とするのではなく、理性的で社会的な自由を基礎とするのです。わたしのわがままを他人の都合に合わせて制限するというのは正しいが、わたしの自由を他人の自由にあわせて制限するというのは間違っている」。つまりここでヘーゲルは悟性国家なら妥当する原則は、理性国家では原則にならないということをいっているのである。「自由は制限できるものでも制限すべきものでもなく、実現すべき絶対的なものです」。「自由こそが社会を充実させる共同体の原理」であり、「制限し否定するものなどはどこにもない」。

問題になっているのはカントにあっては「個々人の自由だけです。だから、個々人がたがいに関係するところでしか自由は考察の対象にならない。が、自由はそれ自体が社会的な存在であって、わがままが問題となるのはそのあとのことです」（『法哲学講義』長谷川宏訳、作品社、七三～七四頁）。「個人の人権が実現され、個の人格性が認められるだけでなく、自由を本質とする意志が実現されねばならない。……意志としてあらわれる理性が、法（正義）の世界で実現されるということです」（同、三七頁）。

そこからヘーゲルはこの自由の定義を共同体にとっての最高の共同であるとするのである。「個人は個人であるだけでは、思考する意志を知るに至っていない。……個人を本当に拘束できるのは、共同体的なものだけであり、個人自身の共同体意志は、共同体的なものを対象としてとらえるから、共同体の大義は個人の自己に対し、偶然的な存在にすぎない自己に対し義務としてせまってきます。……義務とかかわるなかで個人は共同体の自由へと解放される。……個々人の自由の確信は、共同体という客観の内で真理に到達し、共同体の倫理のうちでおのれの本質と、おのれの内的な共同性を現実に獲得する」（同、三〇一～三一二頁）。ここでは啓蒙思想―社会契約論のように共同体は諸個人の契約としてつくられているものではなく、個人の主観から自律した客観的な意志として存在する。共同体（全体）が個人・個物に先立ち、その存在を創造し保証するものとして位置づけられているのだ。

まさにヘーゲルは国家、この共同体と個人との関係を「悟性国家（論）」と「理性国家（論）」の二つの関係から考えたのである。

「悟性国家」とは「市民社会＝悟性国家」という了解であり、「市民社会が単なる経済学的土台として捉え返されているのではなく、むしろ『幻想的利益共同体』論の〝祖型〟になっている趣きもある」(『唯物史観と国家論』著作集前掲、三二八頁)と廣松はいっている。

ヘーゲルの国家論は「家族─市民社会─国家」という体系だといわれるけれども、廣松がいっているポイントはヘーゲルが「現実の世界においては、国家こそむしろ最初のものであり、国家の内部ではじめて、家族が市民社会へと発展する」(『法の哲学』§二五六、岩崎武雄編『世界の名著35　ヘーゲル』中央公論社)といっていることである。『法の哲学』§一八八は、市民社会の契機を、労働によって欲求を媒介し個々人を満足せしめる「欲求の体系」であり、「所有(財産)を司法活動によって保護し「内務行政と職業団体によって特殊的利益を一つの共同的なものとして配慮し管理する」(同)ことであるとのべているのである。

ここで注意を要するのは、ヘーゲルにとってこのような市民社会の規定の内容は、ヘーゲルより前の法学者によっては、国家と規定されてきたものであったということなのだ。つまりヘーゲルが「国家というものが、さまざまな人格の統一体、単なる共同態たるにすぎぬ統一体として表象されるとすれば、この〝国家〟ということで思念されているところのものは、実は市民社会の想定たるにすぎない」(『法の哲学』§一八二補遺、前掲『世界の名著35　ヘーゲル』)と言い、「近代の国法学者の多くは、これ以上の国家観にこぎつけることはできなかったと語っている」(『唯物史観と国家論』前掲、四〇八頁)ということがポイントになる。ヘーゲルの言う「理性国家」までは到達しなかったということだ。

だからヘーゲルのいう「市民社会」とは「単なる経済の王国ではなく、──君主権、統治権、立法権、対外主権のごときは「国家」としての国家に属するとはいえ──司法・内務行政をも内に含む『悟性国家』であることに留意をようする」(同、四〇八頁)のである。つまり市民社会は「この体系はさしあたり外的国家―強制国家および悟性国家とみなすことができる」（『法の哲学』§一八三、前掲）とヘーゲルがいうところのものなのである。長谷川宏によって「分析的思考の国家」と訳出（前掲『法哲学講義』六六一頁）された悟性国家は、「極端な分裂状態ゆえに共同体の倫理が失われた体系であって、……理念そのものは、外的対象にまとまりを与える相対的統合力」にすぎない（同）。この悟性国家の中では個々人は統一的な理念としての共同体を自分のうちに、自分たちの価値・倫理として内在させておらず、共同体を外的なものとみなし、分裂し特異的な利害の中で存在しているにすぎないということだ。ヘーゲルの理性国家は、このような「悟性国家」よりいっそう高次にあると措定される。そしてカントの論ずる国家とは、この市民社会＝「悟性国家」にすぎないというのがヘーゲルのカント批判のポイントなのである。

ヘーゲルはそこで「国家は倫理的理念の現実性である」（『法の哲学』§二五七、前掲）と規定する。つまり「正義」そのものだというのだ。ここで重要なのは国家と市民社会をとりちがえるなとヘーゲルがいっていることである。

「国家が市民社会ととりちがえられ、国家の使命が所有と人格的自由との安全と保護にあるときめられるならば、個々人としての個々人の利益が彼らの合一の究極目的であることになり、このことからまた、国家の成員であることはなにか随意のことであるという結論が出てくる」。これは国家は諸個人の社会契約だという考え方への批判だ。ヘーゲルはいう。「しかし国家の個人に対する関係はこれとはぜんぜん別のものである。国家は客観的精神なのであるから、個人自身が客観性、真理性、倫理性をもつのは、彼が国家の一員であるときだけである」。「内容の上では、客観的自由（すなわち普遍的実体的意志）と主体的自由（すなわち個人的な知と特殊的諸目的を求める個人的な意志）とが一体をなしていることであり、……それゆえ形式の上では行動が……普遍的な法則によって規定されることとである」（『法の哲学』§二五八、同）。

つまりヘーゲルは国家有機体説に立っているのだ。そこでルソーが批判される。ここはヘーゲルのまさに特質が浮きぼりになっているところなので、特に重要である。

「ルソーは……意志を国家の原理として立てたという功績がある。だが彼は意志をただ個別的意志という特定の形式において捉えただけであり」「普遍的意志を、意識の即自かつ対自的に理性的なものとしてではなく、ただ意識された意志としてのこの個別的意志から出てくる共同的なものとして捉えたにすぎない」。「それだから国家における個々人の合一は契約となり、したがって個々人の恣意や意見や任意の明白な同意を基礎とするところのものとなるのであって、その結果さらに、即自かつ対自的に存在する神的なものとその絶対的権威と尊厳とを破壊するところの、単に悟性的な、その他もろもろの帰結がでてくるのである」（同）と。

つまり国家は諸個人の意志をこえた倫理、共同体の規範拘束性としてあるのであり、それは神の絶対知の自己実現の過程だという本質を社会契約論は見逃し、単なる諸個人の利害契約のようなものに国家を低め破壊しているというのがヘーゲルのいいたいことなのだ。だからヘーゲルは『法の哲学』§三三ではカントを次のように批判するのである。

「道徳（モラリテート moralität）と倫理（ジットリヒカイト sittlichkeit）は通常、ほぼおなじくらいの意味のものとされているが、本書では本質的に相違した意味に解している。……カント哲学の実践的な諸原理はまったくこの道徳の概念だけに極限され、それどころか倫理の立場を不可能にさせ、じっさい、倫理をはっきりと無効にし、憤慨させせさえもするのである」と。この理性の国家を実現する共同体の掟・秩序・規範、そのような諸個人の意志をこえた普遍性をヘーゲルはジットリヒカイト（人倫）と定義するのである。それはモラリテートと対立するものである。

カントのいう道徳（モラリテート）とは、自由の原理は個人のうちにあり他者との間に妥当するようにふるまうこと、そういうルールを成立させることに自由の原理があるとし、この道徳の法則を神学からも分離したところに特徴を有するのである。人格の尊厳を基調とするカントはいう。

「君の行為の格律（行為の主観的規則のこと――引用者）が君の意志によって、あたかも普遍的自然法則（自然法則に本来の普遍性をもつもの）となるかのように行為せよ」（『道徳形而上学原論』篠田英雄訳、岩波文庫、八六頁）。「およそいかなる理性的存在者（君自身ならびに君以外の他の人たち）に関しても、彼が君の格律において同時に目的自体（手段ではなく――引用者）と見なされるように行為せよ」（同、一一三頁）。これらはつまり「君の行為の格律があたかも同時に普遍的（自然）法則（すべての理性的存在者に妥当する）として役立つかのように行為せよ」（同、一二五頁）。ということである。こうした意志の自律は、自分の行為を規定するものを他に求めるとそれは「他律」となり、理性の純粋な働きが疎外されるということになるとカントはいうのである。客体の性質が意志に外から法則を与えることを他律とするカントは、「他律の原理」として「神における完全性の原理」（同、一三二頁）、「道徳性を神の完全無欠な意志から導来しようとする神学的概念」（同、一三五頁）を批判するのだ。カントは神の価値と関連させることなく〈人格の尊厳〉の観念を説いている。この点にカント倫理学の特質がある。

さらに逆なのは、ヘーゲルが法―国家を自由の現実体としており、その絶対性＝絶対自由の共同体としているのに対して、カントの法論は格律にもとづく他人との調和という考え方である。「法も当然、法則にもとづく各人の拘束性の意識に依拠するものではあるが……むしろ普遍的法則に従って何びとの自由とも調和しうる外的強制の可能性という原則に基礎をもとめるのである」。「不法である一切のものは、普遍的法則に従っての自由の妨害である。他方、強制は自由に対してなされる、妨害もしくは抵抗である。……自由の妨害の排除である」（「人倫の形而上学」前掲、三五六～三五七頁）。つまりJ・S・ミルの『自由論』にあるような自由主義的言説が、そこでいわれていることなのである。自由とは消極的な自由、例えば「専制からの自由」とか、「何々からの自由」だということであり、法律的強制は他者の自由が侵害された場合、それを除去するために発動されるという「他者危害」に対する強制を原則とするものに他ならない。ヘーゲルの法とか自由についての考え方はこうした「何々からの自由」ではなく、〈共同体の規範を個人が内在的に価値とし理性の共同体を建設することに自由がある〉、〈個人の道徳を超えた「共同の自由」〉ということが価値となる。つまり人倫（ジットリヒカイト）の考え方だ。

ヘーゲルは次のように言うのだ。「わたしは自分の特殊性を放棄し、衝動、必要、欲望にまつわる目的や、私個人に関係する目的をもたず、共同の目的をもつこと、いいかえれば、特殊性をすてて、概念にふさわしい目的をもつことが要求されます。したがって、人格性は放棄されるが、わたしの主観性は維持されるので、それは特殊な利己心をぬぐいさった共同の主観性として共同の目的だけをめざします。ところで共同の目的とは……共同体の倫理です。……わたしは一体感に浸りつつ一体化をめざし、自分が共同体に生きることを意志します。何人かの別々の人格がそこで一体化される……自分の意志を放棄することで自由になる」。ヘーゲルがカントとは反対に考えていることがわかるだろう。カントは個人の人格的意志がまずあってその調和が自由だとする。これに対しヘーゲルは主張する。

自分の人格的意志なるものは、個別的なものと個別的なものとのぶつかり合いを生み出すことを前提にする、だから共同体を破壊する、それが社会契約論だ。だから「自分の意志の放棄」、つまり「わがまま」の放棄はそういうぶつかり合いをなくした調和であり、それが他人との間で自由を実現する方法なのだというのだ。「その自由は、特殊で特定の個人の自由ではなく、共同の自由です。したがって、一体化そのものが目的であり、一体感にもとづく行為は、共同体の精神です」（前掲『法哲学講義』八八〜八九頁）ということになる。ジットリヒカイト（人倫）概念は民衆のコナトスを理性国家の共同体精神の枠組みで保持し国家共同体へと同一化しようとするのである。

こうしたヘーゲルの共同体論はフランス革命（一七八九年〜九四年）の総括にもとづいたものであった。

●フランス革命と「国民の自由」の破壊

フランス革命（一七八九年）のアウトラインを見ておこう。フランス革命は封建的な土地所有制度と官僚政治の打破—農民の重税からの解放、市民の参政権などを掲げて勝利した。基本的人権が宣言された。革命はすすみ一七九二年には共和制を樹立して山岳党モンターニュ党＝ジャコバン派が台頭する。革命に反対してきたルイ一六世は処刑された。そしてフランスの共和派は対外革命戦争をつよめ、これにたいしてフランス周辺の諸国が反革命包囲（対仏大同盟）を形成し対抗。これと闘うと同時に国内的には王党派に指導された農村部における反革命反乱に対する対抗の必要から、一七九三年には公安委員会、革命裁判所がジャコバン派によって形成された。こうしてフランス革命は自由の風潮から一転。ジャコバン派は、山岳党から分離し反対勢力として自由主義的政策を対置していたジロンド派を粛清するなど戦時恐怖政治を展開。ジャコバン派内のロベスピエールとは違う路線をとるエベールやダントンも処刑された。一七九四年六月には、プレリアール（草月）法の成立によって、革命裁判が弁護、証人、予審の各手続きを省いて行えるようになり、粛清・処刑は激化した。ついに「人権宣言」を発した革命は最悪の専制に転化したのだ。これに対して経済活動と賃金の統制に反対するブルジョアジーと労働者はジャコバン党に反対した。国民公会はロベスピエールを告発し、裁判を経ずに処刑した。一七九四年テルミドール（七月）のクーデターである。恐怖政治は終わりを告げた。フランス革命は理性なき混乱のなかで終焉したのだ。ジャコバン派＝ロベスピエールは人権宣言において保障された人々のコナトス（自己保存欲求）を破壊したのだから社会契約を遵守する権力者としての資格を自ら放棄したということだろう。

ヘーゲルはこれを自由主義の失敗、共同体的な倫理を諸個人の契約にすり替えた思想の敗北としてとらえたのであった。

ヘーゲルは言っている。「国民は自由でなければならないが、国民が国家組織を欠いたまま、抽象的に自由や平等を追求するとしたら、フランス人はその危険性を存分に経験しました」（同、五三八頁）。「近年、政治体制を作り出す、という考え方がもてはやされ、抽象的な思想にもとづいて体制がつくりだされるさまがあちこちに見られますが、……いわゆる自由主義者たちは、フランス、スペイン、ポルトガル……至るところで破産しています。政治体制がどうあるかは先行するすべての出来事の結果です。だれも時代の外にはでられないし、そのときどきの原則はいずれも時代の結果です」。

そしてヘーゲルは言っている。だが「作り出す」というのは「精神を現実へと移すことで、それが歴史における進歩」である。この精神とは神の絶対精神のことだ。「政治体制を作り出すのは人間ではなく、神であって、人間が作りだすのは、つねに、その一側面、一要素、全体の小部分にすぎません」（同、五二四～五二五頁）と。

この場合ヘーゲルがいう「だれも歴史の外にはでられない」という意味ははっきりとE・バークのフランス革命批判を継承するものである。一八世紀のイギリスの保守思想家・政治家であったバークの立場は次のようである。

フランス革命をうけてイギリス内の急進派は例えばプライス「祖国愛について」などの講演で論陣をはった。フランス革命はイギリスの名誉革命が人民主権の確立において不徹底だったところを補完し革命をすすめるものだというものである。このようなイギリスへのフランス革命の輸入に保守的な危機感を自覚したバークは、これに対し反対意見を展開したのである。

イギリスの名誉革命（一六八八～八九年）、議会主義にもとづく立憲王制を確立したこの革命は、ピューリタン革命（一六四九年）―クロムウエルの独裁などとして展開されてきた対立――伝統的君主制と議会の対立を立憲君主政の復活として解決した。つまり歴史の中で形成されてきたものをみとめつつ議会政治の基礎がきずかれたものだった。これに対してフランス革命は歴史的な伝統をすべて破壊し白紙から「平等」「理性」などの抽象的な理念にもとづいて出発する無責任ぶりである、これら二つの革命にはなんらの共通点などないのだと、バークは『フランス革命についての省察』（一七九〇年）で、フランス革命をはげしく攻撃したのである。

「彼らは、社会通念への敵意を公言している。……わたしはフランス国民議会を、好機に付け込んで国家権力を簒奪するに至った、一部任意な徒輩の結社以外のどんなものとも考えない。……もしも彼らがこの新しい実験的な統治を、圧制の打倒後にその必要止むをえない代替物として樹立したのであれば人類は……次第に合法的な存在へと成熟させる時効の成立を予期する」が「逆にその誕生が如何なる法規にも必要性にも全くもとづかない権力、つまり社会的統合を攪乱し、時として破壊するような……権力の行使に支持をあたえることには、彼らは消極的かつ不本意であろう」（中野好之訳、岩波文庫、下巻五八～六〇頁）。「もしもルソーが現在も存命で彼の明晰な中間期の一つにあったならば、彼は自分の門弟たちの実際行動面での狂乱《ママ》に衝撃をうけたことだろう」（同、七〇頁）などだ。バークは革命のとき、バスティーユ監獄を包囲した民衆を「マルチチュード」と呼び蔑んだといわれている。へーゲルはこのような保守主義を継承する観点に立っているといえる。

またここでへーゲルが「政治体制を作り出すのは神だ」といっているのは、人間の実践からは外に客観的な法則をもった歴史の運動が存在する。人間はその運動の、部分を意識的に担うにすぎない。なぜなら人間ではなく神が歴史を法則的に創造しているのだからだということだ。そこで世界精神＝神が問題になる。

「共同体をなす宗教――キリスト教は、人間のうちなる精神の証言によって確証されねばならない」（前掲『法哲学講義』三〇二頁）。「共同体の論理が共同のイメージとして対象化されたもの、それが宗教です」（同、三〇九頁）。「国家を権威づけ、強化するものが宗教で、宗教は国家の真理です」（同、五一三頁）。こうして神を中心とした理性の共同体がめざされているのである。

神の普遍性に対して個別的であるにすぎない人間が設計主義的に理想を政権によって実現しようとしても無駄であるばかりでなく有害でしかない。それがフランス革命で証明されたのだというのがヘーゲルの立場だ。廣松によって、ヘーゲルは「理想化されたプロイセン的君主制国家の埒をでない」（「唯物史観と国家論」著作集前掲、四一四頁）といわれる所以である。

だがいわば分析視覚をかえて考えるなら、こういう考え方はヘーゲル、あるいは社会実在論の立場にかぎったことではない。日本の天皇制はもとよりそういう考え方だが、ある意味で社会唯名論の国、アトミズムの国であるアメリカにしてからが、共同体とその存在理念としての神という考え方を強力に存在させている。それだけ現代でも普遍性をもった思考というべきである。

森孝一は『宗教からよむ「アメリカ」』（講談社選書メチエ）で、アメリカ大統領は「多民族国家アメリカを統合する象徴として」、「日本における天皇との類比関係を見ることができる」。「大統領就任式は政治的最高権力者就任の式典であるだけでなく、日本における天皇即位式や大嘗祭にも相当する」（六八頁）とのべている。大統領の就任式では聖歌隊が「山の上にある町」（そのプロテスタントが信仰により立てた町は「隠れることができない」と新約聖書に書かれている）を合唱するなどプロテスタント教会の礼拝順序に相当するといわれる。この「神から選ばれた選民思想」でもって、「民主主義を世界に広げあるいは世界に規範を示すことによって罪深き世界を救うという神から与えられた特別の道義的な使命感あるいは義務感（それは「世界のアメリカ化」ともいえよう）」（星野俊也「アメリカ外交の宗教的次元」森孝一編『アメリカと宗教』所収、㈶日本国際問題研究所、一六五頁）が、アメリカの権力者の倫理となってきたという。こういう倫理でもってアメリカは「悪」とたたかってきた、共産主義とたたかいイスラム原理主義や「悪の枢軸」国とたたかっているという物語が成立しているのである。

ヘーゲルは言っている。

「国家の正義（法）でさえ最高のものではなく、国家の正義（法）の上に世界精神の正義（法）があって、これが至上の、至聖の正義（法）です」（前掲『法哲学講義』八二頁）。

ここにおいてアメリカのキリスト教原理主義が課題としているように、世界精神＝神の意志にもとづく歴史の展開ということが、国家にとって最高の問題になる。一国家は独立に存在するものではなく、世界的諸関係において、国家と国家の関係、共同体と共同体の関係性として間主体的に現象しているのであるから、ヘーゲルにおいて国家がどのように〈世界精神〉なるものと関係しているのかが問題となるのは当然のことだ。

ヘーゲルは神（絶対者）は有限者に神（絶対知＝真理）の自己実現を仮託し狡知的にふるまわせる。有限者＝人間・国家は神の意志で動いている。その有限者においては、ある結果を産出しているとは知る由もないという論理立てだ。この神の理性の狡知は個別国家のあるもの（有限者）に、ある時代の「世界史的国家」という使命をおわせ、絶対者の知を実現していく。その使命がおわれば、また別の有限者（個別国家）が使命をひきつぐという形をとるのである（『法の哲学』§三四七、前掲）。

このようなヘーゲルの国家論は目的論的な国家の言説（国家のイデオロギー、ナショナルプロジェクトといったもの）の中に民衆の自発性・自治の意思をとりこんできた。国家の権威を誰が掌握するのか、その代表権力としての国家権力の取得を国民の間で争わせるのである。こうして民衆を国家の権威の内部へと回収するのだ。

以上がヘーゲルの権力論である。これらの権力理論に関説し「生権力」という概念に触れておこう。

●近代国家主権と生権力（ビオ・ポリティクス）

「生権力」という言葉は、ミシェル・フーコーの用語である。例えばネグリは「フーコーの仕事によって新しいパラダイムの生政治的な性質を認識することができるようになった」（前掲『〈帝国〉』四一頁）と言っている。フーコーが提起した生権力の特徴をネグリは紹介する。「権力は――それが、あらゆる個人によって自発的に受け入れられ、再活性化を施されるような生気にあふれた統合的機能となるときにのみ――人口を構成する住民の生全体に対して実効的な指令を及ぼすことができるのだ」。

「（フーコーが言うように――引用者）生はいまや……権力の対象になった」のである。「その主要な任務は生を行政的に管理することである」（同、四一頁）と。そこでポイントになることは何か。「行政によって実施される規律のプロセスは……人口の再生産という集団的な生物学的次元まで考慮にいれる装置としてみずからを形成しうるのだ、と。近代的主権の実現は、生権力の誕生にほかならない」（同、一二四頁）というのである。

ここでその意味をフーコーの言説で確認しよう。

「一八世紀後半に」イギリスで、新しい「権力テクノロジー」が発展した。この権力は「個人を個人として対象とするのではなく、逆に人口集団を対象としています」。「人口集団には出生率があり、死亡率があります。……年齢曲線があり、年齢階層があり、罹病率があり、健康状態があります。人口集団は滅亡することもありますし、逆に発展することもある」。「人口集団というものを……富や財産を生産し、他の個人を生産する装置として利用しようと思うのであれば」、「住居、都市での生活条件、公衆衛生、出生率と死亡率の割合の変化といった諸問題が」あらわれてくる、と。だから人口の増減の管理・調整や移民数の調整が問題になる。こうしたビオ・ポリティクスは「社会を一つの生産装置にするためのもっとも重要な政治的要素」だというのだ（蓮實重彥・渡辺守章監修『ミシェル・フーコー思考集成Ⅷ』筑摩書房、四一三～四一五頁）。

このような生権力は戦争と密接な関係がある。ネグリは「戦争は生権力の体制、すなわち住民を管理するだけでなく、社会生活の全側面を生産・再生産することをもその目的とする支配形態となった」（前掲『マルチチュード』（上）四五頁）といっている。「象徴的に表すのがアウシュビッツとヒロシマである。大量虐殺と核兵器による破壊の能力は、まさに生命の構造そのものに直接働きかけ、それを損ない、歪めてしまう。……破壊手段を管理する主権権力は、生権力という言葉のもっとも否定的で残虐な意味においてその一形態である」。

このような歴史をもった生権力とは「人類の死、さらには生きとし生けるものすべての死を直接支配する権力のことだ」。だが反対に生権力としての「主権権力は自らの臣民の生命を守り、最低限その生産と消費の能力を維持することによってのみ存在することができる」（同、五三〜五五頁）という二つの側面をもつ。

つまり一言でいうと〈生権力とは人類の生と死を、権力の民衆統治・支配のために所有する権力〉のことである。その核となるのが人口管理政策ということだ。そのようにコナトス契約を管理する権力なのである。

●近代民主主義国家と全体主義国家の主権国家的同一性

このようなビオ・ポリティクスと、ヘーゲルがのべた世界精神と理性国家など、国家をコナトスを保証する共同体として表明する近代国家権力。それは二〇世紀において民主主義国家（社会契約国家）とか、ファシズム国家（全体主義的な有機体国家）とかとして展開してきた。第二次世界大戦は、経済学的には米英仏を中心とした連合国と日独伊三国など枢軸国の間の帝国主義間戦争だったが、それは民主主義国と全体主義の戦いともいわれた。民主主義国家はファシズム・国家有機体主義に対して、人権が価値であることをどのような形であれ表明したことにおいては優れた政治体制であったし、現在もそうである。その意義を決して否定することはできない。

だがしかし別の側面も重要である。まさに民主主義国のアメリカは原子爆弾で第二次大戦に最終的な決着をつけたのである。まさにシュミットのいう「敵―味方」概念のもとに敵を打倒するためには、一切の戦争能力が発揚されるべきだとする、まさにそのような主権的権力としては、「民衆の生死を所有する権力」としては、この近代国家の一類型はまったく同一だということを表明した。第二次大戦後アメリカは、朝鮮戦争をへてベトナム戦争からイラク戦争へと一貫して「世界の憲兵」として展開している。まさに社会契約主義国家が人民の民主主義を表現するというのは、古の欧州ブルジョア民主主義革命の理念でしかなかったことがわかるだろう。社会契約国家も全体主義国家におとらずナショナリズムを鼓舞し、国家＝運命共同体イデオロギーを表明するのである。ルソーがそうであったように。そして日本国家も戦後民主主義の中で全体主義の精神を表現した天皇（制）を国と国民の象徴にいただいているのだ。社会契約国家はそれ自体、国家権力を支配する支配階級の支配をおおいかくす幻想的ベールであり、そのような代表権力への国民・民衆の動員装置にすぎないことが、ますますあきらかになりつつあるのである。

第一部第三章で明らかにするように、もとよりその国家体制は資本による労働への専制がベースとなっており、アトミズムを原理とするゆえに個人間競争による疎外や社会的差別を根底的に解決するものとはなりえないのである。

まさに近代の資本主義を原理とした社会契約主義国家はいかなる意味においても、民衆の自由を実現する政治体制ではない。まさに国家権力そのもの、かかる国家権力を支えるホッブスからルソーをへてヘーゲルにいたったような、あるいは二〇世紀世界をつらぬいた資本主義国家の帝国主義的支配と戦争（本書別章で展開する）に見られるような国家権威主義に対して人間的自由の実現と、それを可能ならしめるようなラディカルな共同性の創出が問題となる以外ないのである。

だから例えばネグリたちはかかる近代の代表権力に対して自治的権力を構想する。「新しい闘争はかつての革命的労働者階級による組織方法をたんに踏襲するわけではない」。「いまや闘士は、代表者などとうそぶくことはできない。搾取されている人々の基本的な人間的欲求を代表する者である、とすらいえないのだ。それとは逆に、革命的政治闘争はいま、かねてよりずっと自分自身にふさわしかった形態を発見しなおさねばならない。すなわち、代表するのではなく構成する活動がそれだ」。そのような資本の支配への抵抗闘争は、人間の生き死にする空間で、生産の協働の場から、「生産と共同体の共同的装備の形成に結びついている」（前掲『〈帝国〉』、五一一頁）とのべるのだ。この代表するのではなく構成するという思考は重要なヒントになるだろう。

まさに民衆的マルチカルチャリズムが宣揚されなければならない。その機軸は民衆がそのコナトスを自分たち自身で保証するために、もはや何者にも代表させることなく、連合的な主権者として民衆的へゲモニーを〈構成〉しあうというところにある。だからその実体的形態は直接民主主義を措定する以外ない。その方向が「社会契約」の形態となるのである。そして社会唯名論と社会実在論の二項対立をこえる展望も単なる形式論理ではなく、まさに、このような民衆的ラディカル・デモクラシー、民衆的へゲモニー、差別と搾取を廃止し人々の競争をコントロールするような民衆的自治の共同社会（諸個人の共同連関）の形成をつうじて可能となるのである。

その内容的な機軸は一切の近代国家が着装している支配のテクノロジーである、資本主義のビオ・ポリティクスに反対し、逆の意味でのビオ・ポリティクス、つまり、「民衆の生を民衆みずからが守る」ことである。生活は人間生態系を守りはぐくむことである。第三部第一章において見られるようにまさに資本主義は民衆の生活と人間生態系を破壊している。貧困、差別、戦争と環境破壊。これを阻止する民衆の生政治（ビオ・ポリティクス）、つまり反戦平和運動、職場・地域などでの運動の内実をいかに作り上げていくのか、さらに資本主義の矛盾を解決すべくおこなわれている多様な社会運動の、その先に民衆の共同社会は発見され、創造されていくのである。つまりここから先は実践論のフィールドに入るのである。

第二章　廣松渉の国家論と多元主義

――社会的価値体系としての国家

第一節　「運命共同体」としての国家と権力形成の機制

廣松渉は人倫（社会的倫理）の最高の価値について次のように定義している。「著者としては、人倫的諸価値のうち『正義』をもって最高位に据える」（廣松渉『存在と意味』第二巻、岩波書店、四八四頁）と。人倫の内容を「正義」の内容だとしていることがわかる。「哲学者（……哲学する者……）たる者は、〝正義〟の実現を志向するかぎり、現体制の批判者たり、革命的変革の志向者たらざるをえない」（『新哲学入門』岩波新書、二一七頁）ともいう。つまり人倫とは共同体（―国家）の秩序や規範にほかならないのだが、廣松にとっては、その最高の価値判断を「正義」（とは何か）とするというわけである。だからこの問題は〈国家の正義性〉の根拠という問題といっていいだろう。廣松がいう「正義」とは何かが問題となる。

廣松哲学においては、ある特定の国家が形成される土台には、なんらかの社会的な共同主観性＝社会的価値体系が存在しており、その価値を多数意見とするところの社会に「通用」している「正義」（通用的正義）の基準・内容が成立している。その実体が〈社会規範―法―国家〉という体系に他ならないということなのだ。その社会的共同主観性のメカニズムにおいてつくられている「正義」を問題にすることを通じて国家を問題にすること、このことがテーマである。共同主観性とはなにか、それはいかに社会的価値体系をつくりだしているのか、その機制（メカニズム）について展開していこう。

●国家＝運命共同体イデオロギーと物象化

社会通念的には、それなくしては生きられないものとして、人々の共同体として国家は思念されている。社会の共同主観性のその内容として「国家＝運命共同体」イデオロギーがあることがまず、おさえられるべきことだ。

廣松はその著『存在と意味』第二巻においてつぎのように述べている。

「現実の共同態は、総体としてみるとき、国家の次元であれ、或る種の〝地域社会〟の次元であれ、いわゆる〝企業〟の次元であれ、たかだか幻想的共同体にすぎないのが寧ろ歴史的現実である。だが、それにもかかわらず、人々がそこに内存在する限り、一定の利害共同性、および、一定の即自的な目的共同性の構造が〝形式的に〟存立していることも確かであって、その意味において、よしんば幻想的であれ、協働態は一応、利益共同体・目的共同体の構制をもつと言うことができる」とする。

国家にあっては「階級的な矛盾葛藤を孕んでいる」が「個々人は国家社会に内存在することなくしては生きていくことができないわけで、……この限りで、国家社会という協働連関態に組み込まれていることが、個々人にとって生存という利害（……生存という個々人が共有する利害）に適っている所以となる」と。つまり生存の絶対条件としての（協働＝共同）態として国家が思念されるということだ。

例えば戦争の場合を考えてみよう。廣松はつぎのようにのべる。「開戦して敗戦という破目になればもちろんのこと、緊張下で劣勢に立たされているだけでも、社会的・経済的・政治的生活上、殆んど全国民がさまざまな不利益を直接―間接に被ること必定である。そのため、国家の隆盛が殆んど全国民にとって、共同の利益になるものと意識され、国家の隆盛が共同の目標として思念される」。現実にはそれで被抑圧民衆の生活がよくなることはないにしても「外国に服属するようになった場合に予測される事態よりは〝まし〟な筈であるとか」考えられる。こうして「国家が運命共同体として思念され、国家の隆祥が〝共同目的〟として志向される」のである。「それは単なる幻想というわけではなく、一定の物質的利害の共同性に客観的基盤をもつものである」（前掲『存在と意味』第二巻、三八三～三八四頁）と展開する。

こうした運命共同体としての国家という思念は、国家の物象化という機制を軸にしている。

物象化とは「人と人との関係が物と物との関係、ないし物の具えている性質ないしはまた自立的な物象の相で現象する事態」（「物象化論の構図」著作集第一三巻、一〇一頁）ということである。簡単にいえば、人々の共同連関が国家を形成しているのに、国家の方が人々の共同連関をつくっている・現象させているとかんがえることだ。

廣松はつぎのように説明している。「物象化と呼ばれる事態は、それ自身としてはとりたてて特異なことではない。それは日常的意識（フュア・エスの立場――引用者）にとって（独立自存の――引用者）物象的な存在に思えるものが学理的に反省（フュア・ウンスの立場から――引用者）してみれば単なる客観的存在ではなく、いわゆる主観の側の働きをも巻き込んだ関係態の『仮現相（錯視されたもの）』である事態をさす」（「現代的世界観への道」著作集第一三巻、三頁）ということだ。

つまり「社会とか国家とかいう『もの』が在るかのように思っている。たしかに社会や国家は成員代数和以上の独自な存在である。が、しかし社会や国家というものが独立自存するわけではない」（同、四頁）のである。「国家なるもの」、「社会なるもの」などなく、あるのはそういうものを現象させている諸関係、諸個人の共同連関にほかならないということである。国家はそういう関係規定態である。

（この国家の分析のためには共同主観性としての「われわれ」の在り方を形成する四肢構造の解明を機軸としなければならないが、この問題は、本論では「注解」にて展開するものとする）。

●共同存在としての人間と〈諸関係〉の機制

人間は〈われわれ〉として生きている。ここが国家論の出発点である。廣松はのべている。「人間の意識が本源的に社会化され共同主観化されているという与件。これは人々の知識内容が社会的に分有され共通化しているという次元のことではなく、人々の思考方式や知覚の仕方そのものが社会的に共同主観化されているという実状を示している」（『世界の共同主観的存在構造』講談社学術文庫、三四頁）。

「伝統的な認識論は『認識』を主観―客観関係として扱うにあたり、他人の存在ということは原理上は無視して処理できるという想定のうえに立っていた。いまやしかし、他人の存在ということを認識の本質的な一契機として扱わねばならない。しかも、この他人たるや、これまた、単なる個々人の他人として扱ったのでは不可であり、一定の社会的歴史的な関わり合いにあるものとして、そのような共同現存在《ミットダーザイン》としてのみ、介在する」（同、三五頁）。

つまりわれわれ一人ひとりは他者との連関のもとにその一つの「項」として存在しているということだ。

「かかる他人たちの介在がdiscursive（推論的――引用者）な思考の方法はおろか、ものの感じ方、知覚の仕方まで規制し、いうなれば意識作用のはたらきかたを規制するのであるから、『私が考える』cogitoということは『我々が考える』cogitamusという性格を本源的にそなえている」（同、三五頁）。

この場合、「本源的にそなえる」ということは、生得的にかどうかが、問題である。

「意識主体は、生まれつき同型的なのではなく、社会的交通、社会的協働をつうじて、共同主観的になるのであり、かかる協働主観的なコギタームスの主体I as we、we as I（われわれとしてのわれ・われとしてのわれわれ――引用者）として自己形成をとげる」（同、三五頁）のである。つまり育児、教育、慣習行為などが「われわれ」を作るのである。これが廣松の認識主体についての問題意識だ。「わたしが考える」ことは「われわれが考えている」ことであるということ、われわれ一人ひとりは他者との相互媒介的で共同関係的な営為のなかで「われわれ」として存在しているのだということである。

まさに協働連関を運営するためには、体系的にもっとも妥当とされるような「決まり」(価値判断)が必要である、それは社会的に形成されるということだ。

●「内共同体的同一性」と「正義」

ではある価値観が社会の中で多数意見として共同主観性となるのは、どういう機制かを見ていこう。

「或る時代の或る文化共同体の内部でみれば人々の価値判断は大枠的には共通的・斉同的であること、しかるに、時代や文化圏を異にするとその大枠的な価値基準そのものがまるで違ってしまうこと、この事実が目につきます。この事実、すなわち、価値の間共同体的相異性と内共同体的〝同一性〟という事実、この両側面を統一的に説明する理論装置が求められる」と廣松はのべる。

「歴史的・社会的・文化的に〝単位的〟な或る生活共同体の内部においては、人々の価値判断を間主観的に同調化させ共同主観的に同型化させるメカニズムが作動している」のだと。こうした価値判断は「所与―所識」の構造になっており「所識」は価値判断をもったもの、つまり「価値的所識」となるのである。かかる「『価値的所識』の共同主観的同一化のメカニズムによって……『価値の内共同体的〝同一性〟が成立する』」(前掲『新哲学入門』一七五～一七六頁)と廣松は説明する。まさにこの共同体的精神を規範として表明するような、「内共同体的同一性」という位置づけにおいて、「正義」が規定される。正義とは価値判断の連なりであり、だから法―規範―規則・義務・権利の体系である。それはおのおのの当該共同体において「間共同体的相違性」と「内共同体的同一性」をもつものとして成立している。これを簡単にいうと共同体内の多数意見ということだ。

つまり共同体の多数意見とは、歴史的文化的社会的にどのような〈判断〉がもっとも妥当かということのつらなりにおいて「価値の同一化」といったものを媒介に、合意されているということなのである。この合意の基準・前提となるものが、人々の〈協働〉連関の運営の仕方如何にかかわる、それに規定されたものだということとなのだ。この協働連関が問題になる。

●社会的〈価値〉のサンクションによる教育

協働とは「共互的役割行為」（前掲『存在と意味』第二巻、三八二頁）とされる。例えば「分業的協働」は「複数の行為主体たちが統一的目的を達成すべく分掌的行動を遂行するもので」「分業には……多種多様な様態がみられる」。

どんなものかというと「ゴッコ遊びやティーム・プレー、合唱・合奏・芝居、生産活動の場における各種の分業的協業、儀式・祭事・政治、はては、教育から戦争にいたるまで、社会的活動の殆んど全域で自覚的な分業的協働が営まれている。そして分業的協働者達は」「統一的目的の自覚的共有に基づく特種的綜合相にある主体＝我々という相を覚識する」（同、三八〇頁）となる。つまり、ゴッコ遊びから教育、生産、戦争、儀式などにいたるまで、これらには、全て例外なく「やり方」

というものがある。「やり方」を学ばせる場としてはすべて共通している。マニュアル通りにやらなければ、大事故をおこす危険さえある。間違ってやったために人を意図せず傷つけてしまう場合だってある。だから、これをやれるようになるためには、子供のときでは「しつけ」であり、コミュニケーションを学ばせることであり、大人になってからも他人の期待に応えられるような、例えば引き受けた仕事を常識的に遂行できるような主体になっていく必要がある。政治にも当該共同体のルールがある。法律を破ると訴追の対象になるなどということだ。「なにをしてもいいのか・なにをすればよくないのか」そういう価値判断が訓練される。ある共同体の社会的共同主観性を主体的に形成していくためには、サンクション（賞罰）が必要なのである。つまり基本的にその共同体がルールとしていることを学ばせる機制が働いているのだ。

「サンクショナーの価値評価は、概ね、彼の内存在する〝共同体〟の価値基準に則って、当該〝共同体〟の成員たちのあいだで共同主観的に一致する相でおこなわれる」。

「かくして、能為的諸主体は、自分の内存在する〝共同体〟の価値基準に則って行為を評価され、〝共同体〟諸成員の共同主観的に一致する相での価値評価に基づいた賞罰を蒙ることを通じて、自分の各種的行為（目的投企・行動様式・動機心態）の在り方を鼓舞・禁圧され、当該の共同体において正価値とされる相に行為の在り方を矯正され、負価値とされる相での行為を抑止される」。当人の意識においては、それは「かくあるべし」というものとして自覚されるのだ（同、一七七～一七八頁）。

この場合、廣松は「サンクショナルな条件づけ」には「背後に制裁を控えている命令」としての「催眠」「暗示」をも入るとしている。例として「お兄ちゃんなのだから」「軍人らしく」「教員らしく」「男らしく」「日本人らしく」などをあげ、「条件づけ、催眠、自己暗示は、差しあたっては外自的な行動を規制するものではあれ、上述の通り、〝内自的〟行動性向を変化せしめ、人格的特性の変様、人格的陶冶をもたらす」(同、一七八頁)、つまり、そのような規範的行為ができる人格へと自己を形成せしめてゆくものとなるというわけである。このような「当為意識」つまり「まさになすべきこと」として役割行為は意識される。まさにこうして〈価値〉は国家権力を頂点とする社会的諸規範・規則を形成する機軸となる。そして、当該共同体の社会観によってその内容は相違するのである。また妥当でない規範・規則などは共同体の内でより妥当と多数が判断するものに改められていく、ということになる。

●役割・役柄形成・分掌過程とその意味

廣松は役割・役柄を次のように説明する。われわれが普段、他人にどのようなものとして対しているかがここでの問題となるのである。

「人は日常的生活の場において、他人を個体的人物として認知はしてもそのこと以上に一定の役割行動を期待したり」「役柄」として「認識したりはしない(しえない)場合も現にある」。だが、あの人はかくかくしかじかの役割(役柄)をもった人であると現認しない場合ですら「……老人であるか青年であるかといったことを弁別的に認知しており、また安全そうか警戒すべきか、一定のコミットメントを要するか無関与的にやり過ごして差支えないか、といったことを弁別的に覚知している」(同、一二三〜一二五頁)というわけである。

「安全そうか警戒すべきか」とかは、わりと毎日しているはずだ。それはともかく「日常生活の場という〝舞台〟に登場する人物は、その役柄存在規定性がよしんばまだ不明・未知であっても、即時的には既に〝協演〟者として了解され、その心算で対処される」（同、一二四頁）ということだ。人は息子・娘であったり父親・母親であったり、職業人であったり、町会長であったり、少年野球の監督であったりと、いろいろな役割を演じていきている。この役柄は「ポジションの相で」あたえられたものと認識されている。「部署」「地位」ということは「役割行動」をその「項」において実体化したものだ。この「役柄なるものが」既に存在する部署の相で意識されるようになると「当事者たちの直接的意識においては」「地位的役柄から役割期待がうまれるような倒錯」がおこってくる。例えば「かくかくしかじかの地位にいる人がこんなこともできないなんて」といわれる。つまり「部署」「地位」には「一定の役割期待が附属する」と認識されてくるのであり「あまつさえ、当の地位には一定の『権限』が附帯しているというように思念される」（同、一三二〜一三三頁）のである。

まさに廣松用語でいえば「固有の人格的特性を具えた」主体である「能為者誰某」が「役柄存在」を帯びた「役柄者或者」として存在すること（同、一六六頁）が、ここでのポイントになる。つまり人々の協働とは、単なる「我はおこなう」以上の「我々が行なう」として営まれるのである。人の役柄は学生に対しては教師、医師に対しては患者というように「共軛的な役柄存在」である。だから役柄は「われわれ」として行為することだ。

その役柄期待に応えていくためには、他者に「対して」それの期待に応えるために自己を陶冶するためにサンクションが必要になる。そこでは我々的価値評価が存在する。こうして「役柄者或者」

は相互媒介的に、その役柄としての自己・主体を形成していくのである。生身の人間が社会的・対他者存在として「われわれ」として生きていくためには「役割・役柄として」自らを自己形成し訓練する必要があるということだ。

この「社会的動物」として必然的に果たさなければならない訓育と「部署」の遂行が、先に見たような「医師なら」「軍人なら」「日本人なら」、「工員なら」この部署、この工程をやる者なら、果ては「囚人なら」という当為的行為としての「われわれ」としての「われ」を要請するのである。

そこで問題になるのは「価値的所識」に対妥当する「役柄者或者」が、その時代・特定共同体の「価値」のありかたに規定され、その社会観の再生産として、この社会的〈価値〉の要求する人格、役柄へと規律・訓育される過程にはいるということだ。当該共同体が「階級支配」「権力支配」を共同主観的な価値にしていることに前提されているなら、どの共同社会（体）でもなされねばならない役割役柄形成・分掌過程が抑圧権力を担う諸個人の規格化の過程〈として〉二重に遂行されることになるのである。そこで以下、経済過程・生産過程においてのこの権力形成の問題をみていくこととする。

●社会的協働における権力テクノロジーとしてのミクロ権力

ここでミシェル・フーコーの「権力のテクノロジー」に注目しよう。フーコーはおよそ次のような権力装置を解明している。規律・訓練（ディシプリーヌ）権力、〈群れの中の一頭一頭を個別に気遣うように個人を管理し、諸個人を個人的に権力者に服従させる〉牧人（パストラール）権力、「国家理性」という国家運営計画、人口管理政策を基軸とした「生―政治」（ビオ・ポリティクス）権力などである。本論では規律・訓練（ディシプリーヌ）の権力（pouvoir disciplinaire）について言及する。先に見た分業的協業における「役割期待」ということと関係があるのだ。

フーコーはよくアナーキズムだと言われてきた。だが彼はいう。「私は権力を全面的にネガティブに考えることを認めない、という意味ではアナーキストではない」と。フーコーの問題意識は次にある。「ソ連をよく見てごらんなさい。そこの体制の下では、家族や、セクシュアリティや、工場や、学校に、権力関係は同じまま残っています。問題は、われわれが現在の体制のなかで、微視的なレベルで――学校、家族で――権力関係を変えることができるか、ということです」（「真理と裁判形式」蓮實重彥・渡辺守章監修『ミシェル・フーコー思考集成V』筑摩書房、二一一～二一二頁）。つまり政治体制がかわっても、抑圧・差別といった人間関係は一向に作りかえられなかった。なぜか。どうしたら変わるのかという問いがそこにある。わたしはかねてより、フーコーは社会一般の規範形成それ自体を抑圧的な権力形成と同一視しているとかんがえてきたのだが、以上のようなフーコーの言説に基づくならば、そうは断定できないことがわかってきた。

フーコーは「資本主義システムはわれわれの生活にずっと深く浸透しています」として資本主義は「人間の身体と時間とが労働時間と労働力に転化されるような、そして実際に余剰利潤になるべく使用されうるような、そのためのひとまとまりの技術」を必要としたという。

それこそ「人間の生存のレベルそのものに、微視的な、毛細管状の、政治的権力の網状組織が作り上げられ、それが人間を生産装置に固定して、彼らを生産のエージェントに、労働者にする必要があります」、「権力なしに余剰利潤はありません」と。

フーコーはこの剰余価値を生産する権力テクノロジーを「補助的権力」と規定する。「政治権力といわれているものではない」が資本主義国家を社会的に形成している現場の権力が「補助的権力」といわれるものだ（同、一八七頁）。

フーコーは工場を分析する。「この仕事場の中央通路を端から端まで歩けば、全般的にも個別的にも充分な監視をおこないうるわけである。すなわち職工の出欠と勤勉さ、仕事の質を確認すること、職工を相互に比較して熟練と迅速に応じて分類すること、製造過程の連続的な段階をたどること、こうした系列化の全体が、不変のいわば格子状の図表をつくって、そこでは混乱は除去される……生産は区分され、労働過程は一方ではその局面や段階や要素的な作業に応じて、他方では、それを行なう個々人、従属する個々の身体に応じて有機的に配置される」（『監獄の誕生』田村俶訳、新潮社、一九七七年、一五〇頁）のである。

工場はそのような役割役柄としての評価の体系、協働連関によって定立しているということである。

フーコーは言っている。「その力——頑健さ・迅速さ・熟練・粘り強さ——の個々の変数は、観察可能となり、したがって、特徴づけられ、評価され、記帳され、その力の特定の支配人たる人（監督、工場長など）に報告される」。そこで「個々の身体の系列すべてにわたって完全に読解可能な仕方で把握され」、「労働の力は個人単位での分析が可能になる」のだと。

こうして労働の資本への組み込みがすすんでいくのである。このディシプリーヌの空間には「分類・等級の中で人が占める位置」があり「それぞれの身体を定着させるのではなく配分して、ある諸関係の網目のなかにその身体を順次めぐらせる、こうした位置決定によって、規律・訓練はそれぞれの身体を個別化する」とフーコーは展開する。労働を担うための知識習得は競争の形でも組織されるが「規律・訓練の主要な操作の第一は、したがって、雑然とした、無益な、もしくは危険な多数の人間を、秩序づけられた多様性へ変える〈生ける絵図〉を構成することである」(同、一五二〜一五三頁)というわけだ。

まさにアルチュセールが「労働力の再生産は単にその資格付けの再生産を要求しているだけでなく、同時に既成の秩序への諸規則への服従の再生産、つまり労働者にとっては支配的イデオロギーへの服従の再生産を、そして搾取や抑圧の担い手にとっては、彼らが支配階級の支配を〈パロールによって〉(個人が意志を伝達する一回ごとの発話行為——引用者)も保障するため、支配イデオロギーを巧妙に操作する能力の再生産を必要としているのだ」。つまり「支配イデオロギーへの従属の再生産か、あるいはこうしたイデオロギーの〈実際化〉(プラチック)をも明確にさせる」(「イデオロギーと国家のイデオロギー装置」『アルチュセールの〈イデオロギー論〉』三交社、一八〜一九頁)と論じていることに間接する。つまり個人はディシプリーヌによって、こうした秩序をみずから生産する行為、慣習行為(プラチック)＝実際行為を内発的におこなうようになるのである。「慣習行為は儀式によって規則化されており、儀式をとおしてこの慣習行為はイデオロギー的装置の物質的存在のまった中に刻みこまれている」(同、七七頁)ということになる。

●テイラーの動作研究と資本主義の古典的問題意識

そこでフーコーは資本の生産計画に労働者が組み込まれる過程を次のように分析する。「有益な時間の組み立て」、「正確さと専念は規則正しさとならんで、規律・訓練の時間の基本的な徳目である」。「計画表によって行為じたいの磨きあげが確実におこなわれ、また、行為の展開と諸段階とが内部から規制されるのである……行為は諸要素に分解され、身体の、手足の、関節の位置は規定され、一つ一つの動作には方向と広がりと所要時間が指示されて、それらの順序が定められる。時間が身体深くにしみわたるのである」。このような「規律・訓練の階層秩序化された監視における権力は……一つの機械仕掛として機能するのだ。しかもその権力はピラミッド型の組織によって〈頭《かしら》〉を配置される」のであり、「その装置全体が、〈権力〉を生み出して、この永続的で連続した領域のなかに個々人を配分している」(前掲『監獄の誕生』一八一頁)というのである。

たとえば「序列や地位を入手可能にさせせつつ、昇進・進級のはたらきだけでもって人に褒賞をさずける一方、序列の後退や地位の剝奪で持って処罰する。序列はそれ自体が、褒賞もしくは処罰にひとしいわけである」。こうして人々を「規格化する」(同、一八五～一八六頁)のである。

「一言でいえば、規律・訓練とは……一つの工場であれ、一つの国民であれ、一つの軍隊であれ、一つの学校であれ、ある一つの多様性は、(成員)相互の関係が好ましくなる場合に規律・訓練の水準に達する」(同、二二〇頁)ということだ。つまり個々人の訓育だけではなく、諸個人の熟練としての対他的な連なり、協働としての成熟が課題となっているのである。

「資本主義経済の増大が規律・訓練的な権力という種別的な様式を呼び求めたが、それの一般的定式、力と身体の服従の方式、一言でいうと、それの〈政治解剖学〉は、政治体制やきわめて多様な装置や制度をとおして用いられてきた」（同、二二一頁）のだ。

例えば端的なものとして規律・訓練の権力がきわめて大規模に貫徹されるのは、二〇世紀のはじめにフォードがベルト・コンベアでの大量生産技術を開発し、単純化された人間の動きを機械的なリズムとしてつくりだしたことがあげられるだろう。これによって労働現場での動作は管理しやすいものに豹変した。「重要なことは、フォード社によって流れ作業方式という大量生産方式が普及し、そのことによってテイラーの科学的管理法による課業管理が十分に展開する場をあたえられたということ」（津田眞澂『人事・労務管理の思想』有斐閣新書、六一頁）である。

このフォードシステムの前段にあった、テイラーの「動作・時間研究」にはフーコーがいう工場でのディシプリーヌのあり方が典型的にマニュアル化されていたといえるだろう。

①心身的条件からみて無理なく作業をしている人の中から一流の作業者の選抜。
②一流の作業者の作業時間をストップウォッチで測定。
③作業状態を要素的動作に分解し、無駄な動作を除去する。
④必要動作をあつめて要素的動作を作成しなおし、一流の作業者に作業させ不具合を調整する。
⑤調整後の必要要素的動作をストップ・ウォッチで計測し、それを標準動作の標準時間とする。
⑥標準動作をすべて集めてその作業の必要動作とし、これにさけられない余裕時間を加えてその作業の標準時間とする。

⑦標準動作と余裕を課業とし、その必要時間を標準時間として、それによって生産される量を標準作業量とする。

⑧課業の動作展開プロセスと標準時間を作業指図表に記述し、この指図表によって管理する（同、四二二頁参照）。

こうして資本主義は規律・訓練（ディシプリーヌ）の権力によって展開してきたのである。そしてこの機制は政治的国家、運命共同体国家イデオロギーを社会的協働連関において規定してきたことがおさえられねばならない。以上が人々の一般的規範の形成が階級社会では権力の規範としての形成として展開する論理をなすのである。

【注解】廣松の四肢構造論と「われわれとしてのわれ」の機制

●〈etwas mehr の論理〉＝四肢構造論と〈われわれ〉の概念

四肢構造の最初の規定は「所与─所識」（現相的所知の二契機）である。

人間の知覚に対する現象フェノメノンは「即自的にその都度すでに、単なる〝感性的〟以上の〈或るものとして〉現れる。……フェノメノンは──それが反省的意識において〝知覚〟と呼ばれる相で現れるものから〝判断〟と呼ばれる相で現れるものに至るまで──即自的に『或るもの』として、

『単なる与件 als solches（アルス・ゾルヒス）より以上の或るもの』として、現れる」。

この「より以上のあるものとして」というのがポイントである。

「すなわち、所与をその〝なまのまま〟als solches（アルス・ゾルヒス）に受けとめるのではなく、所与を単なる所与以外の或るもの etwas andres（エトヴァス・アンダァス）として、所与以上の或るもの etwas mehr（エトヴァス・メーア）として意識する」（前掲『世界の共同主観的存在構造』四五頁）のである。

この場合、etwas mehr（エトヴァス・メーア）とは「所与以上のあるもの（としての所識）」という意味である。エトヴァスとは「あるもの、あること、何か」で、「nicht ～でない」の反対語である。メーアは英語で more という意味であり、「より多く、……以上」ということである。

語を分解すれば〈認識対象として与えられている何か・そのもの―を、そのもの―以上に意味をもった―ところの―あるもの―として―認識する〉ということだ。

これが廣松哲学の第一定義といっても過言ではない重要な語句だ。この「として認識」することは自然におこなわれることではなく、社会的文化的歴史的な教育、協働をつうじて同型的な認識―共同主観性の形成を俟っておこなわれるようになるのである。「として」とは社会的判断が前提されているのである。

これを「所与―所識」という。「所与」は現にあるがままのもの（「現相」）だから「現相的所与」である。人間はこの所与を必ずある「意味」として「認識」するので。だから「意味的所識」となる。これで「現相的所与―意味的所識」となる。

廣松の意味の定義とは何か。例えば自動車が無い社会では、何かそのものとしてある車を車という意味として認識することはできない。この場合、車とは意味である。「差当り、与件（思惟により加工されない直接的に対象としてあるもの——引用者）がそれとして意識されるところの、この客観的な或るものを「意味」と総称し、これの呈する特異な存在性格を『イデアール』と呼ぶことにしておく」（同、四八頁）というものだ。「与件」がある「意味として」意識されるということがここでのポイントである。

●「現相的所与」の無意味性と意味の契機

「所与—所識」構制をもう少し理解するために、廣松がマッハについて、これを「現相主義」（『事的世界観への前哨』勁草書房）と呼んだ問題に触れておこう。

廣松は自分が翻訳したマッハの『感覚の分析』（須藤吾之助との共訳、法政大学出版局）の巻末に「マッハの哲学」という解説を書いている。マッハは要素一元論として知られているが、このマッハのいう「要素」とは「普通には感覚と呼ばれているもの——色、香、温冷の感覚、圧覚、空間感覚（つまり形や大きさの感覚）、時間感覚等々に他ならない」。「この要素＝感覚は『頭の中にある』主観的な心象として理解されてはならない」。マッハが「要素」といっているものは「もしそのような言い方が許されるならば、頭のそとにある感覚なのである。それは第二次的な所産ではなく、第一次的・根源的な所与であり、それ自体としては主観的でも客観的でもない。……マッハは物体もいわゆる自我も、すべて要素＝感覚から成り立っていると主張する」（同、三三三頁）とのべる。

さらにマッハは「実体主義的な発想を斥けつつ、諸要素の機能的・函数的な連関に定位する」。つまり諸要素を「相互連関の相で把えようとしている」という。マッハは世界は「要素複合体」の「函数的・機能的な連関態として現前する」のだと論じたと廣松はいう（前掲『事的世界観への前哨』六八頁）。

つまりマッハにおいては現実の諸関係〈のみ〉が世界をつくっているのだから、例えばカントの「物自体」のごとき、認識主観にあらわれた物ではないところの、考えることはできても認識することもできず、現象の究極の原因とされるような概念も必要ないことになる。

ここまではマッハと廣松は同じであるといっていい。

つまりマッハはレーニンが『唯物論と経験批判論』でいうような「主観的観念論」などではないのだ。レーニンのマッハへの論難はマッハを高く評価したボグダーノフをマッハ主義＝観念論としてレッテルばりをやり、失脚させようとした政治主義的意図によるのにほかならない。

だがマッハにはむしろ、次に述べるような廣松との違いがある。マッハは主観的観念論とは反対の客観主義的要素主義（現相主義）として批判すべきなのである。

つまり廣松はマッハを「現相的所与」と「意味的所識」が分節できていないと批判するのである。「所与」と「所識」が同じものとなっているということだ。

「われわれとしては、しかし、現実の世界は要素複合体以上のものであることを指摘し、この『以上』と、それの存立する構造的機制を問題にせざるをえない」とのべる。つまりマッハの論理では、「所与」が現相のそのままで、単なる感性的な要素としてではなくて、「意味」（共同主観的に先行的に了解される意味形象）をもってしまっているといいたいのである。そこで廣松は、これを「現相主義」とよんだのであった。「つまり素材『以上』の或るものが問題である」と。etwas mehr がマッハには分かっていないということだ（同、六九頁～七二頁）。

さらに「マッハは感性的与件、要素ＡＢＣ……が相互間において被媒介的な連関構造をもつこと、また、ＫＬＭ（自我）とのあいだでも相互被媒介的な関係にあることは当然にも指摘しているが、意味契機の存立とその共同主観的な被媒介性を看過することにおいて、現相世界の歴史的・社会的な相対性を把握していない」（同、七四頁）という。

この廣松語を翻訳するなら、つまり客体としてある認識の素材は、それ自体としては認識主体とのあいだに連関を形成して存在させられているが、それ自体としては「意味」をはじめからもっているものでは「ない」。同時に、共同主観的な意味判断の相違により同じ対象のもつ意味がちがってくるということである。

廣松があげる例としていうと、マッハがいうとおりなら、美人は「骨・皮・肉」という「現相的所与」だけで認識できるとなってしまうということだ。「骨・皮・肉」だけならそれ自体は美人ではない。「意味的所識」として美人なのであり、また同時に社会的文化的歴史的にその美人としての価値はかわるのである（同、六九頁）。これが廣松が「意味的所識」といっていることである。

●「所与―所識」「能知―能識」の構成

この「所与―所識」に対して認識する主体の側を「能知―能識」という。この場合、「能知的誰某―能識的或者」とされ「能知的主体」の二重性が立てられる。つまり「現相的所与が意味的所識として能知的主体に対妥当する」(前掲『存在と意味』第一巻、一六八頁)という形になるのだ。「能知的誰某」とは、対象をある意味としてでなく、例えば車としてでなく、感性的に「そこにあるもの」としてただ知るだけの能知的主体のことである。だがこの「能知的誰某」は意味〈車〉を意味〈車〉として認識する社会的共同主観性に内存在している。だからかかる車としての「意味的所識」に対して妥当な認識をする者なので「能識的或者」ということになる。

そして「現相的所与」—「意味的所識」に対しこれに、能知的主体「能知的誰某」—「能識的或者」が対妥当する関係性を、廣松は「『等値化的統一』と呼ぶ」(同、一四九頁)のである。

こうしてわれわれは「相互的媒介性」をもった四契機を「現相的所与—意味的所識」「能知的誰某—能識的或者」等値化的統一(態)と規定し、「この四肢的構制態をわれわれは『事』と呼ぶ」(同、一九九頁)と廣松は規定するのである。そしてこの場合「能知(の主体であるわれわれ——引用者)がその都度人称的誰某以上の共同主観的或者であること」が明示されるべきこととしてあるという。

つまり諸個人は「われわれとして」、共同主観性に所属した或者として考えているのだ。「自分は個人主義者だ」という人でも「われわれとして」という機制で考えているということだ。この個人主義は個人という共同連関の中での関係の項を実体化して価値化したものなのだ。

●「事」の連なりとしての共同主観性

以上が共同主観性の概念なのであるが、この場合、「共同主観性」は「共同主観」ではないことが確認されねばならない。この「共同主観」というものは、「事」の連なりとしてある共同主観性をば実体化し「共同主観なるもの」に物象化しているのである。つまり「事」ではなく「物」にしてしまっているのである。だが共同主観性が歴史的・文化的・社会的なものであり、その「認識主観の認識論的同型性」が「協働現存在をつうじてアポステリオリ（経験を基礎として成立した認識——引用者）に形成された共軛的な在り方の一位相」（前掲『世界の共同主観的存在構造』二七三頁）であり、そこで「われわれ」とは「協働の歴史的・社会的現実態」（同、二七三頁）に他ならない以上、社会的諸関係の変化の中でたえず変化するものなのにほかならない。これは正義論の文脈に関係することだ。つまりわれわれの「取り決め」は、協働連関の中で変化し、より妥当性のあるものをもとめていくのである。

（本論では以下の論点は省略する以外ないが、廣松はこの四肢構造論を踏まえ、「我々の立場においては、ありとあらゆる世界現相が価値を担う実在的所与たりうる」（前掲『存在と意味』第二巻、一八頁）として〈実在的所与を意義的価値において認知する役柄者或者（役柄を装着する者）としての能為的誰某〉が、そのような「用材的世界における四肢的連関」において協働を実践する機制を説いてゆくことになる。ここでのポイントは役柄者或者は意義的価値（としての用材）に対応するが、それはハイデガーのように、用材と主体が二元論的に分離されて自存し人間と「出会う」（客観的に自存する道具の用材性を発見する）のではなく、協働的役柄行為としての人間実践との関連において、人間実践によって用材がまさに〈用材として〉〈現象させられる〉という連なりを明確にすることがポイントになる。）

●主客二元論（反映論）とアトミズムの機制

四肢構造ではなく、主観―客観の二元論にもとづく認識論（反映論）では「知覚的認識の場合、対象物が先方にあり、認識主体がこちら側にあって、事物から出発した刺激が主体に到達し、主体内部の神経生理的過程を通じて知覚心象が形成される、という具合に考えられる」。

「この通念的な観方」を廣松は「カメラモデルの知覚観」と呼んでいる。「対象―内なる写像―それを〝見る〟意識作用」という「三項図式」である。この図式においては「意識が直接的に認識できるのは〝意識の内なる心的内容〟だけである」ということになる（『哲学入門一歩前』講談社現代新書、五八頁以降など参照）。こうした反映論は、カントの主観的観念論（意識は認識主観が経験に先立って保有している構成形式によって対象をとらえたもの）（『純粋理性批判』篠田英雄訳、（上）八七頁参照）と実は、同じ構成をもっている。つまり対象（客観そのもの）と認識内容が二元論的に分離していることでは共通しているのである。

廣松は「『客観―認識内容―主観』という常套的な了解の構図には警戒を要する。客観が主観に認識内容のかたちで意識されている（主観が客観を認識内容のかたちで意識している）という言い方は倒錯である。正しくは、認識主観は現与の認識内容を単なる与件『以上の』或るものとして、客観的照応性をもつものとして覚識するといわねばならない」（『廣松渉コレクション』第五巻、情況出版、一四九～一五〇頁）とのべる。

つまり廣松は反映論では「認識内容」が〈客観的対象に照応する意味〉として認識できないと批

判したのだ。つまり前節でのべたetwas mehr（現相的所与—意味的所識）ということがわかってないということになる。四肢構造論は反映論が意味論を説明できない限界を克服する位置をもつものとしてあるということだ。

問題はここからである。廣松はこの「近代認識論流儀の『三項図式』のもとでは、他人の意識内容については認識することが不可能であるという『他人の意識についての認識不可能論』に陥り、そこから『独我論』への傾斜が生じることである」（前掲『哲学入門一歩前』六六頁）と指摘する。しょせん他人のことなんてわかりゃしないという思念がここでの考察の対象だ。

「他人の意識、他人の〝内なる心象〟を認知するためには、他人の〝内側に入り込んで〟〝他人の内側から〟〝見る〟ことを要求される」。だが「他人というカメラ装置の内部に入り込んで内側からみることなど、およそ不可能であろう」。「〝他人の意識〟なるものは、所詮は、〝私自身の内なる意識内容〟たるにすぎず、『〝他人の意識なり〟と私が見做している私自身の意識』たるにすぎない。——哲学者たちは、意識はそのつど自分の意識であるという命題を『意識の各私性』と呼ぶ」、このような自分の意識しかわからないという構成が「独我論の脅威」をうみだすと、廣松は言っているのである。

独我論とは「実在するものはわが自我とその所産のみであって、他我その他すべてはわが自我の観念または現象にすぎない」（『広辞苑』岩波書店）と一般にいわれる考え方だ。例えばバークリーは「精神すなわち知覚するもののほかにはいかなる実体もない」として「いま現に観念を（心の）内に見ているのと同じ順序で外的物体の協力なしに、観念は生み出される場合があり、またおそらくは、生み出そうとすれば常に生み出すことができる」(『人知原理論』大槻春彦訳、岩波文庫、四八〜五六頁参照)とのべた。

このような意識の各私性は、「われわれとしてのわれ」という構成ではなく、自存的に「わたしの意識」として対象が自覚されるということだ。近代市民社会の「個人(主義)がいい」などという、個人が実体であり、社会は個人のあつまりであり、ただ社会という名前があるだけだという社会唯名論(アトミズム＝個人実体主義)に対応する考えである。他者が共同主観的に存在するということが否定されているのである。

だが現実には人は〈われわれとしてのわれ〉として、社会的に通用している価値観のもとに生きているのである。

第二節　マルクス主義国家論における国家の「四条」規定の意義と問題点

●「ドイツ・イデオロギー」の国家論

以上、「国家運命共同体」の諸機制を見てきたが、このような運命共同体として現象している現実の国家が、いかに展開しているのか。その国家と理論的に応接すべく、マルクスの「ドイツ・イデオロギー」における国家概念と、それにもとづいて形成されてきたマルクス主義の国家論について見ておくことにする。本論で取り上げてきた廣松渉の役割行為論や正義論、ミシェル・フーコーの権力論はマルクス主義が表明した権力論、マルクスの国家論と深くかかわりを持っているのである。

だが、これからみるマルクス主義の国家についての「四条の規定」の方法論は、悟性主義的（この場合は国家のいくつかの要素を別々にとらえ、それぞれを固定的に捉え実体視する）な限界をもっている。このことの解明をつうじて、国家を関係規定態としてとらえることを表明するという段取りだ。

廣松渉は「国家に関する四条の規定」（『唯物史観と国家論』「第一章ドイツ・イデオロギー」講談社学術文庫、三四〜四九頁）で次のようにのべている。

マルクス・エンゲルスの「ドイツ・イデオロギー」における規定は「四箇条に整理できます」。規定①幻想的な共同体としての国家。規定②市民社会の総括としての国家。規定③支配階級に属する諸個人の共同体としての国家。規定④支配階級の支配機関としての国家。以上の四個の規定だ。

そこで廣松はマルクスたちがどのように述べているのかを整理する。それを本論では次のようにまとめることにする。

①「幻想的共同性としての国家」＝マルクスは「ドイツ・イデオロギー」において次のようにのべている。「分業が確立すると同時に、しかも、個々人ないし個々の家族の利害と……個々人全員の共同的利害との矛盾が存在するようになっている。しかも、この共同的利害というのは、何かしら単に表象のうちに〝普遍的なもの〟として在るのではなく、まずは現実のうちに、労働を分掌している諸個人の相互依属性として、実存する」。「まさしく、特殊的利害と共同的利害とのこの矛盾から、共同的利害は現実の個別的利害ならびに全体的利害から切り離されて、国家として自立的な姿

態をとる」。「そして同時に幻想的な共同社会性として……そもそも普遍的なものとは共同的なものの幻想的形態なのだ」。「共同的でかつ幻想的な共同的利害に対立してたえず現実に立現われる当の特殊的利害の実践的抗争もまた、国家という幻想的な〝普遍的〟利害による実践的な仲裁と制裁を必要ならしめる」（以上『ドイツ・イデオロギー　手稿復元新編輯版』廣松渉編訳、河出書房新社、三四〜三七頁）という内容である。

資本主義では労働者が資本の生産過程に入ると生産における分業に固定化されると同時に資本家への依属が深まる。さらに市民社会の構成員は個別のアトム（私人）へと分断・分解され競争へとなげだされているゆえ、経済的個別的利害が生起する。さらに別の位相では階級対立までをふくむ社会的対立が醸成される。これを抑止し、「仲裁・制裁」する機関として幻想的共同社会性である国家が必要とされるということだ（この規定は本書では第一部第三章参照）。

②「市民社会の総括としての国家」＝「国家というものは、一時代の市民社会がそういうかたちをとって自己を総括する形式である」（前掲『唯物史観と国家論』一五六頁）。「市民社会は外に向かっては国民体 nationalität として……内に向かっては国家として自らを編成せざるをえない」（同、一五二頁）。国民国家論ではこの規定がもっとも問題になる。つまり、この規定は他の国家にたいする主権の発動や拡張にかかわるものであり、市民社会を国家として外敵から防衛する、国家が国民との間にかわす社会契約にかかわる概念規定にほかならない（この規定は本書では第一部第一章参照）。

③「支配階級に属する諸個人の共同体としての国家」＝「私的所有の共同体からの解放によって、国家は市民社会と並んでかつその外部にある特殊な一実存になった。しかし、国家はブルジョアた

ちが対外的にも対内的にも、彼らの所有ならびに利害の〈共同的〉相互的な保証のために身を委ねるところの組織の形式以上のなにものでもない」（同、一五四頁）。「従来の（見掛け上の共同社会）共同社会の代用物、すなわち国家においては」「人格的自由は支配階級の諸個人にしか実存しなかった」。「一階級の他の階級に対向しての結合であった以上、被支配階級にとってはまったくの幻想的共同社会であったばかりか、新たな桎梏でもあった」（同、一二六頁）。

（この「新たな桎梏」という規定は④の階級支配の機関としての国家という概念に入れていいのではないかと、私は考える）。

④「支配階級の機関としての国家」＝廣松は「言葉通りには出て参りませんが、そういう発想はあった」といい、『共産党宣言』における「近代国家はブルジョアジーの共同事務を処理する」、「ブルジョアジーの執行委員会」という立場は「看過されていない」とのべている。また、この廣松の本の第二章ではレーニンの国家論があつかわれ、「国家＝支配階級のための暴力装置」という観点（レーニンの『国家と革命』の観点）と同時に「現代国家には、常備軍、警察、官僚という抑圧的な機関のほかに銀行やシンジケートと特に密接に結びついた一つの機関が、こういってよければ、たくさんの簿記＝記帳活動を果たす機関がある」。「大銀行は国家機関なのである」（『ボルシェビキは権力を維持できるか』）というレーニンの国家機関説が分析されている。（この概念については本書では諸節において展開する）。

だが廣松がマルクス・エンゲルスなどの言説から抽出しまとめたこれらの四条の規定（マルクス主義国家論の諸概念となっているもの）はあくまで国家をさまざまの〈作用という位相〉でとらえ、

そのおもな作用を切り取って四条に実体化したものにほかならない。だから廣松は『唯物史観と国家論』第一章第三節においては「四条の規定の統一的視座」として次のように述べる。

「近代国家は一見したところ異貌であるにせよ、バイブルに出てくるユダヤ国家、オリエント国家」などさまざまの歴史上の国家は「まさにそのように表象されている共同体は幻想的共同体であり、実態においては、支配階級が被支配階級を現体制の埒内につなぎとめておくための、少なくともそのように機能するところの編成体であり、この意味で支配階級に属する諸個人の共同体とよばるべきものであることが判ります」（前掲『唯物史観と国家論』六五頁）と論じている。

まさに四条規定を、切り取ったままでは、個々の機能（四条の個々の項＝関係）を区別立てして、おしまいということになる以外ないのだ。実際マルクス主義の国家論をめぐる論争では、国家を形成している諸関係に対して国家を関係態としてとらえるのではなく「国家の本質は共同幻想だ。いや、暴力装置だ」というように、諸関係の作用的一項を他の項に対立させるような論争もおこなわれてきた。

「国家の本質が共同幻想だ」とすることで、そこから国家権力の暴力的な支配を過小評価し、その強権にさえも、民衆の抵抗権を行使することを弱めてしまうような論理が作り出されるならば、その考えは決定的な誤りであることは、はっきりと指摘しなければならない。「圧制に対する抵抗権は他の人権の帰結」であると「フランス人権宣言」（一七九三年）も言っている。その点を確認しつつこの暴力と幻想の関係を考察していくことにしよう。

●成田空港建設における土地強制収用と国家暴力

例えば成田空港の建設では政府の一方的な閣議決定のもと、農民からの陳情をも門前払いした強権的な政策が展開された。民主主義などなかった。農民の農地を「土地収用法」というものを適用して強奪した歴史だった。一九六九年土地収用法にもとづく公共事業に認定されると、政府・空港公団は農民の所有権を蹂躙し土地の強制測量（一九七〇年）、強制代執行（一九七一年）での強制収用を展開した。農民は抵抗した。当然のことだ。このとき政府は全国から数千名におよぶ機動隊を投入。機動隊による土地の強制収用が展開されたのだ。農民と、農民を支援する学生・青年労働者とがこの機動隊の暴力と闘った。三里塚闘争だ。約四〇年間続いてきた闘いの歴史の中ではわたしも、三里塚闘争に現地の団結小屋（支援者が運営する小屋）などに通いながら参加していたことがあるし、今でも農民を支援するために取り組まれた二期工事用地内の「一坪共有地の地権者」の一人（こちらは戸籍名での登録）だ。

政府は土地収用法の適用を「公共の福祉（利益）」だといって正当化した。

だが「公共の福祉（利益）」という規定は戦後リベラル派の憲法学者・宮沢俊義によれば「日本国憲法にいう公共の福祉とは……人権相互のあいだの矛盾・衝突を調整する原理としての実質的公平の原理を意味すると解するのが……いちばん妥当だと考えられる」（『憲法Ⅱ』有斐閣、二三五頁）とされる。

成田空港建設の場合強制収用は、「公共の福祉（利益）」による「人権の制限」ということに当てはまるのだろうか。例えば大木よねさんの家を機動隊は強制収用し破壊し、よねさんにテロ・リンチをはたらいた。三里塚の営農に対し政府が機動隊の暴力を発動して侵害するどのような権利があるのか。それが「公共の福祉（利益）」という法益を守る行為なのか。断じて否である。まさに三里塚空港の建設それ自身が「公共の福祉（利益）」の乱用であり、戦前の「公益優先・滅私奉公」ということに他ならないのである。この場合「公共」の「公」とは、「お上の命令、お上の利益」ということ以外ではない。まさに機動隊の暴力は「公共の福祉」ということを「幻想の共同性」（正当化の論理）として発動されているのである。まさにここでの「公共の福祉」が「国家運命共同体」の「福祉」ということと重複する構成となっているのである。なぜなら「公共性」は国家の存立にとって絶対だからである。この公共性の中身が問題となるが、国家はこの「公共性」の内容をあらかじめ社会通念的には独言的に占有しているのである。

まさにこのように、国家暴力と国家の共同幻想性はそれぞれが独立にあるのではなく、まさに函数的連関において、相互規定的・相互作用的にしか概念的に成立できないものとして存在する。問題は国家をいかなる関係規定態として把握するかなのだ。これが現象学的国家論の立場なのである。

●国家運命共同体と「正義」の問題

こうしてわれわれは社会的協働連関において如何に、諸個人の間で規則・義務というものが組織されているかを分析してきた。その一つ一つを国家は国家成員の「運命共同体」として、この運命を分掌する任務と意味づけする。そしてその役割・役柄を貫徹することを「国民」に要求するのである。あるいは社会的諸関係のいろいろな単位を国家の意志へと統合していこうとするのだ。国家は以上のように、運命共同体イデオロギーという共同性をまとった、社会的価値体系として、役割・役柄の協働連関を実体とする、社会的諸関係の物象化した社会構成体―その社会の価値体系によってくみたてられた社会的共同主観性の政治的制度として、既成の「内共同体的同一」性をもつものとして、現象しているということである。「正義」はかかる国家が社会通念として社会的共同主観性として、その下に成立しているところの法―規範―規則・義務の体系として成立している。

だがまさに成田空港問題にあきらかなように、国家暴力による強権的な建設、農地破壊が「正義」だというのが日本国家だ。そして今日においても、空港の滑走路延長を策しているのである。いやそれだけではない。今日においては、東京都立川市の社会運動体である立川自衛隊監視テント村の三名の人々が、自衛隊官舎にイラク派兵について「いっしょに考え、反対の声をあげよう」という対話的な論調でのビラの配布をしただけで、逮捕・起訴されるという事態（二〇〇五年二月二七日不当逮捕）も起こっている。「ビラ入れ」が「住居不法侵入」としてフレームアップされたのである。現在の日本国家権力は民主主義とはとてもいえない強権性をもって自衛隊のイラク派兵に異議申したてする運動、その表現の自由などの民主主義的権利への弾圧を展開しているのだ。このような弾圧が公安警察によって現在、全国的に展開されている。さらに政府は二人以上の人が「共謀」しただけで犯罪「実行の着手」、準備行為すらなくとも、処罰できる共謀罪を新設しようとしている。懲役四年以上の刑が定められている五五〇を超える犯罪を構成する要件について定められる。例えば騒乱罪や破壊活動防止法での罰則もこれに該当する。だから「行為」を裁くという刑法の大原則が根本的に改悪されようとしているのである。政府はまた「テロ対策基本法案」として「テロ関連団体」などと警察権力が認定した組織・個人に対し拘束・盗聴や、物品収集、集会参加を禁止することができるという法案を準備している。これらをつうじて国家による反戦運動への制動、監視・管理・犯罪のでっち上げという予防弾圧が展開されようとしているのである。かかる国家の「不正な正義」を否定する別の「正義」が立てられなければならないだろう。

以上見てきたような国家運命共同体イデオロギーに反対する主張としては、例えば戦争に際しての「革命的祖国敗北主義」の主張がある。このことに若干ふれておきたい。例えば第一次大戦においては、ドイツのローザ・ルクセンブルクが「戦争に対する戦争」（「社会民主党の危機」『ローザ・ルクセンブルク選集』第三巻、現代思潮社）、ロシアのレーニンが「帝国主義戦争を内乱に転化せよ」（「戦争とロシア社会民主党」『レーニン選集』第二巻、大月書店）という考え方を表明した。

ここのポイントだがその主張は、戦争を阻止する方法からいわれているということだ。帝国主義間戦争の場合、戦争を始めたのは自国と敵国の政府だ。だからこの戦争を始めた政府に戦争をやめさせるためには、自国と敵国の民衆がこれらの政府を打倒する必要があるということである。

つまり「自国政府の敗北」という意味は敵国の政府が勝つということにニュアンスがあるのではなく、戦争をしている双方の民衆にとって真の敵は敵国ではなく自国の戦争政府である。銃口を敵国にむけるのではなく、自国の戦争政府にむけよということにニュアンスがあるのだ。そして民衆はインターナショナルに連帯するのだと。国家は運命共同体ではないことが表明されているのである。

帝国主義国の戦争をしている双方の政府は自分たちの国の労働者民衆を徴兵して戦わせているのだ。生産現場では搾取し戦争では殺し合わせる。それが賃金奴隷制だ。戦争政府は「万国の労働者殺しあえ」といっている。これに対して「万国の労働者団結せよ」というのが、自国戦争政府打倒の論理である。

この論理は共産主義運動の論理のひとつだが、共産主義の専売特許ではない。戦争を阻止したいと願う民衆なら当然そのように考えないだろうか。

まさに戦争国家として展開しようとする、このような国家権力の「正義」に反対し、これら既成の体制の変革をめざす「民衆的正義」が宣揚されねばならないことになる。その位置づけについてみていくことにしよう。

第三節　正義の論理的構成

●「われ」と「われわれ」のオープンシステム的構成

共同主観的に措定された「正義」の機制の問題を考えていくことにする（前掲『新哲学入門』一八九頁以下）。廣松は「単位的共同体の内部にあっても、拮抗する複数の価値体系・規範体系が競合・切磋したりするのが現実であって、完璧な共同主観的な斉同性が確立するわけではありません」という。これをふまえつつ廣松は「正義と不義という価値対立性が志向的・実践的な行為目的の価値評価の基軸をなすと私は考えます」とのべている。

そこで「正義」とは「より高い実践的価値（従って、最高の、つまり、理想的な実践的価値状態）を実現する行為が私のいう正義であり、それに背馳する行為が不義です」と定義する。

そこで廣松は、この「行為」ということの機制を規定する。「いわゆる行為主体は、物理・生理的には、なるほど、皮膚を境にして一応区画されうる分節体ではありますが、決して閉じたシステムではありません」と。それは「オープンシステム」だといっているのだ。「人体を一個の物と見做すのは、たとえて言えば、河を一個の物に見立てるようなものです。……形態的同型性の維持が云々される場合の〝形〟は、レアールな形ではなく、まさにあの〈ゲシュタルト〉なのであり、その存在性格はイデアール＝イルレアールです」。それは協働によって形成されていると廣松はいうのだ。「現実にみられるような豊かな意識現象は、単独者的行為ではなく〝協働〟の所産なのです。……単独で畑を耕している農夫の行為といえども、畑・農具・農耕方式の由来を考えるとき、決して単独的・自力的な営みではなく、一種の『協働』であること」と論理は同じだという。「脳のほかに眼や耳や鼻や手足……を具えた『身体的主体』どうしが協働するのです」。こうして「他人との折々の『一体化』という仕方で形成される能動的〝協働〟も存在します」。そこにおいて「共同主観的な意識現象が具現する」。つまり身体は社会的協働連関の項としてあるということだ。

ポイントはここからだ。廣松は協働によって形成された「真理体系・価値体系・規範体系」などの共同主観性は共同体間や時代の相違にもとづく「協演的協働態勢」の違いから、その「内実にもおのずと相異が生ずる」。さらに「単一の生活共同体」であっても「分業的協働」の編成から、いろいろな錯綜した「職能的・身分的・階層的・階級的等々の」違いによって、大きくは共同体の内部にありつつも、「揺動・軋轢・拮抗」が生じるとする。「『正義』をめぐる対立・構想は、個々人レヴェルにおいても成立しえます」（同、二一四頁）ということなのである。

現実の社会においても「正義」をめぐる多元的な「対立」と対話はくりかえしおこなわれている。「体制内に正義として承認されている」（通用的）正義に対して、共同主観化されていない正義、いまの社会で通用している正義よりも、より「妥当」性をもっていると主張される「妥当的正義」が主張される。つまり「通用的正義は一時点の単位共同体内部では、論理上一つであるとしても、妥当的正義は論理上成員の数だけ主張されえます」（同、二一七頁）と廣松がいうのは、真理だろう。つまり一〇〇人の共同体であれば、一〇〇個の「正義」が論理上主張されてもおかしくないということである。

そこでこうした正義の実現だが、「正義」（共同主観性）は社会的協働（協演的協働態勢）を基礎とするゆえ、これの基軸をなしている「社会的制度機構（役柄編成態が物象化したもの）」の変革を実現せねばならないということになる。これが廣松のいう「革命的変革」である。

そこでこの「正義」の現実的な実体はなにかということだ。「われわれ」である。

「我々というのは」「単一の志向目的を協働的に追求しつつ行為している人格的諸主体の協働態」の謂いであって「人格としての〝相互承認〟を要件とするばかりでなく、単一の協働的志向目的を追求する協働態として特種的綜合態、〝巨きな単一の主体〟を形成していることを用件とするのであって、単なる『我（エゴ）の複合称』ではない」（前掲『存在と意味』第二巻、三九一頁）というのがその定義である。

「われわれ」は一グループ、一党派から、一地域、国家から世界的国家連合にいたるまで、ある目的についての「協働」において無数に関係態として存在するが、「正義の実現」にとっては、一般的・論理的には、「革命的変革」を実現する盟約集団ということになる。そこで、今度は廣松が「オープンシステム」と呼んださまざまの実践主体、そして、共同主観的な「正義」は論理上、成員の数だけ主張されると規定したことについて、このような多元性をどのように把握すればいいかを考えていこう。

●共同主観性的正義の論理と「他者」存在

こうした問題は社会運動の場合、グループ間のみならずグループ内の諸個人の間にも適用されるべき観点である。多元的な民主主義においては〈対立も協働〉となっているようなルールが設定される必要がある。

この場合民主主義において「合意する」とは「間主観的な同調性」であるとする廣松渉の言説と相即すると思われる。いったん決定された民主主義的判断もしかし絶えず流動する・変化する関係の中にあるということだ。たえず実践されることによって検証されるということである。

つまり、これは「真理」だと現在において判断されているものは「共同主観的同調性」、つまり多数意見が妥当な判断だと決めたことが真理になるけれども、その人々の「交通的相互連関を支える間主観的構造」の「現実的・具体的な在り方は不断に流動的である」（前掲『存在と意味』第一巻、三二七七～一三七八頁）ということである。

つまり合意が客観的に「流動的」とされることは、主体的にはなんらかの意見や価値判断をめぐる「対立」がそこで起こっているということであり、それは共同主観性に対して「他者」あるいは「外部」が存在することを意味する。

もとより「価値」なり「正義」が絶対的な法則性において現れているものとされるならば、そこに異論の入る隙はない。その法則性が「弁証法的理性」としてあり、真理が異論（他者）を解体・止揚（アウフヘーベン）しながら同心円的に多数意見＝共同主観（性）を形成していくということになる。まさに唯我独尊の独言の体系だ。これに対し多元的なデモクラシーはすべて意見には反論が想定されることを前提とし、そのすべての見解について同等の資格を認める。そして共同主観性はただ多数意見とその検証としてのみ確認される。これが「批判の自由」「行動の統一」というルールである。それは対立を内包することを前提とする。あるいは共同主観性の形成プロセスにおいて共同体内（「われわれ」の内部）から異論が発生することを前提とする。なぜなら共同体の内部においても諸個人は、その共同体の共同主観性をめぐって対話し意見を交換し・自分たちの実践を交差させあうことによって協働態を編成しているのだからである。諸個人や諸運動が〈交差〉することは、異論が〈交差する〉という意味を含有する。運動を一つの「真理」に〈代表〉させるのは不可能なのだ。それは前衛党独裁（他党派解体）の考え方である。諸運動が交差し、運動的へゲモニーを〈構成〉するのである。諸個人が交差するなかで、同一共同体内（党派なら党内）における運動的へゲモニーもまた形成される。共同主観性となっているものと一八〇度構造的に異なった異論が形成される場合もある、等々。

廣松の共同主観性の考え方は、実は多元的な正義が共同主観性をめぐって共同体内的にも、共同体間的にもやりとりするということを想定しているのだ。ある一つの共同主観性から見た場合、他者、外部が措定されなければ、そして多数多様的な諸価値間の差異性として共同主観性が意味を持たなければ、もともと成立しえない論理構成なのである。そうでなければ「価値」の共同主観性的決定、歴史の「多価函数的決定」ということにはならないのである。絶対的真理が一つだけあり、一切を目的論的に決めるという前衛党独裁とかセクト主義とかいったお話のようなものには、多元的民主主義、民衆的ラディカル・デモクラシーはならないということなのだ。

もとより個人とは廣松にとって「われわれとして」考える諸個人のことであった。それは、例えば杉村昌昭によれば「ドゥールーズ＝ガタリ名義で著した『千のプラトー』の序説に『リゾーム』という概念が出てきます。……この概念がつくりだされた背景にこの主観性の考え方があるのです。個人という存在自体が複合的、複数的、複相的な存在である。……個人という存在そのものが無数のエレメントからなる複合体だとして、それぞれのエレメントがそれぞれの仕方で結び付く。そしてその結合がどんどん増殖していくことによって……そうした主観性によって形成される網状的なシステムがほかならぬリゾームだったのです」（『分裂共生論』人文書院、二三〜二四頁）ということである。さきほどの廣松の「行為主体＝オープンシステム」という考え方と相即する。こういう〈交差〉が諸個人、諸共同体をつらぬく「構成」をつくりだすのだ。前衛党とはまったく異質の論理なのである。

そこでアントニオ・ネグリ、マイケル・ハートの『〈帝国〉』との接合点が形成される。「マルチチュードとは多数多様体のことであり、諸々の特異性からなる平面、諸関係からなる開かれた集合体のことである。マルチチュードは、均質なものでもなければ自分自身と同一のものでもなく、自己の外部にあるそれらの特異性や諸関係を別個のものとして区別せずにそれらと内包的な関係を保つ」。「マルチチュードはいつまでも閉ざされることのない構成的な関係性である」（前掲『〈帝国〉』一四二頁）。このようなハイブリッド（異種混交）な関係性を構成する、〈交差する主体〉なのである。「前衛党主義（他党派解体）なるもの」、一者の代表へゲモニーを拒否する主体性なのである（同、五一一頁参照）。まさに廣松哲学の「われわれ」はこのような広さと深さをもっているのだ。

●一義的決定論を超えて

この場合、「マルチチュード」（多数多様体）と廣松の多元的な正義論の親和性だが、序論にも書いたとおり、廣松の運動論は「前衛―大衆」図式の克服ということを前提的な問題意識とするものであった。それは本章でみた正義の多元的なおさえ方とつながっていくものである。

だが、もう一つ確認しておく脈絡があることをここでおさえておこう。廣松の場合、歴史は単一の因果律によっては展開しないという、多元的な決定論を採用しているということ、これがポイントになる。つまり唯一絶対の真理があり、その唯一の真理が目的にするある到達点に向かって歴史が法則的に進んでいるという考え方を廣松は排除するのである。

この場合、廣松は多元的で多契機的な複合的関係から「同一の函数的状態（原因）から二つ以上の結果がそれぞれ一定の確率で生じうる」(『マルクス主義の地平』勁草書房、一三〇頁)と定義する。これはその本の第五章の「歴史法則と諸個人の自由」の一節だ。ここでは「法則にあやつられている」という言説のペテン性を廣松は物象化の機制として暴いているのだ。それは一元論的な運命論への違和であり、多数多様的な連続関係、そこでの諸関係の運動こそが、いや、それだけが現実に存在することであり、歴史は一義的には決定されず、多義的に決定されているのだということである。それは一元論的な価値でもって「大衆」を教化せんとし、操縦せんとする「前衛」主義的コミュニケーションの否定という論理を含有するものである。そしてそれは原理的にはヘーゲルの神学的決定論との対決をベースとするのである。

つまり「正義」は人間の認識の外に客観的に存在する(自存する)歴史の法則によってつくられる、という法則実在論・決定論の考え方は、国家論との関係でいうと、近代法思想の中にこの考え方を確立したヘーゲルに淵源するのだ。ヘーゲルは、一七八九年のフランス革命を国民の自由を実現する革命として支持する。しかしロベスピエールの独裁がはじまりこれに対する「テルミドールの反動」がおこって、革命が破局を迎えたことに対して省察する。そして自由はそれにふさわしい理性国家の実現なしにはありえないと考え、この理性国家を形成していくのは、「歴史の法則」であると論定したのだ。そういう法則が働く根拠は神がその本質(絶対知)を自己実現していく過程だという。

「国家は地上に現存する神的理念である。この意味で国家は世界史的全般の一段と具体的になった対象なのである」(『歴史哲学』武市健人訳、岩波文庫、(上)一一二頁)。この国家に体現された、神の理念は世界史の過程として実現していく。「世界史は精神の神的、絶対的な過程をその最高の形態において叙述するものであり、精神がその真理、その自覚に到達するに要する段階の叙述だからである。そしてこの段階のそれぞれの形態（「世界史的治世」の発展段階は東洋→ギリシア→ローマ→ゲルマンとされる――引用者）がすなわち世界史的な民族精神であり、その人倫的生活、その憲法、その芸術、宗教、哲学といった特殊の形態である。つまり、これらの段階を形成し、実現しようというのが、世界精神の無限の衝動であり、抑えきれない渇望である。なぜなら、このような自己分化とその実現こそ、世界精神の概念であり、本質なのだからである」（同、一三四〜一三五頁）と規定する。

このように〈歴史は神の法則によって展開している〉、そこでは人間は神の意志にしたがい運命を受け入れなければならないとなる。このへーゲルの考え方において、〈神（の絶対精神）〉を〈物質（の自己運動）〉におきかえた（「唯物論的に転倒した」といわれる）ものが、スターリン主義（ロシア・マルクス主義）の法則実在論であった。この考えも、ソ連東欧のスターリニスト国家の国家理念となった。〈前衛党は歴史の法則を把握している。法則に合致した政治をやるので、無謬だ。だから前衛党に従え〉というわけだ（詳しくは拙著『前衛の蹉跌』第二章参照）。それがスターリニスト国家にとっての「正義」だった。ソ連共産党はこうした権威の下に東欧諸国の共産党を従属させ、例えば一九五六年、独立した社会主義的な労働者民衆の主権を要求したハンガリア革命を軍事力で封殺することをも強行したのである。

そしてこのようなスターリン主義の〈国家神学〉は、科学主義の法則観に同型化して（「科学的社会主義」などといっていた）近代の政治思想の中で生き続けてきたのである。だがこのような「法則なるもの」も物象化の機制なのである。

●法則実在論の機制と廣松の多元的な人間的自由論

では法則主義はどのような機制をもっているのだろうか。

廣松はいう。「法則」は人間に対して、その外に客観的にあるものであると人々は考えている。「人々は認識主観から独立に客観的に」すでに在るものを「さまざまな射影的視覚からのアプローチ」つまり、多様な角度から映し出したものによって「認識するのだと思念しているが、実は、さまざま」に映し出した認識の相を「統一的・斉合的に説明すべく実在相なる単一的」に描かれた像（「描像」）として「構成」することにおいて認識しているのである。そして、その「主客的協働の所産たる当の描像が間主観的に信認されるかぎりにおいて客観的実在相として認識されるのである」（「存在と意味」第一巻、五一一頁）と展開する。

つまり「個々の『法則』についていえば、ある種の状態に一定の状態が一定のあり方で随伴、継起すること、この予期的現認が恒常的に充足されること……この現象を斉合的・統一的に説明すべく事象が規則的拘束に服しているという擬人法的な暗黙の想定のもとに、構成的に措定されたもの」（同、五〇六～五〇七頁）という機制で成立している。ここにおいて「法則そのものが事象に対する拘束的規制力をもつかのように表象されるようになり、『法則が支配する』という想念がうまれる」ということになるのである。事象の生成変化を法則が規制しているとか、事象が法則にしたがって生成変化するという「了解」が成立する（同、四八五頁）と廣松はいうのだ。

つまり事象の連鎖、変化といったことが法則の自己運動として認識されるのである。法則はつまり「物の具えている性質ないしは自立的な物象の相で現象する」（「物象化論の構図」著作集前掲、一〇一頁）ということになる。

歴史法則や自然の法則として客観的真理とされていることも歴史・自然に対する人間の間主観的な関係を共同主観性において捉えたものであり、対象に対する「関係の像」である。共同主観性の外に客観的に「法則なるもの」があるわけではないのだ。共同主観化されたものが物象化し「法則が自存する」という錯認が起こっているのである。近代における因果性の認識、法則観は機械式の自動装置のような一義的で一価的な決定論を採ってきた。だが、このような決定論は、同時に法則に人間は宿命的に従う以外ないという錯認にほかならないのである。

こうした法則実在論に対し、冒頭でも述べたように、廣松は「同一の函数的状態（原因）から二つ以上の結果がそれぞれ一定の確率で生じうる」（前掲『マルクス主義の地平』二三〇頁）と論じ、これを「多価函数的連続」と定義したのである。つまり事象が変化する進展は「一義決定的であるとは考えない。事象系に応ずるわれわれの〝函数〟はいうなれば〝確率変項〟をふくむのであって、未来相は一価的に確定してはいない」（前掲『存在と意味』第一巻、四八八頁）ということだ。

だが、ここで注意を要するのは、廣松は一義的一価的な決定論を斥けながら、同時に、因果性の契機があること自体をすべて否定する非決定論も斥けていることだ。「確率変項を含む多価函数的連続ということが意味するのは、決して、因果性の中断だとか、無原因的自発性が存在するとかいう類いのことではな」い（前掲『マルクス主義の地平』二三〇頁）と。因果の網の目から多契機的な連関がまさに重層的にうみだされることをイメージすればいい。このようにして廣松は一つの契機、一つの真理、一つのドグマ（教義）、一つの見解では、世界はつくりだされもしないし、また、作り出されもしなかったということを表明しているのである。まさに歴史も自然の動きも重層的・多数多様的に決定されるのである。ここに廣松の「人間的自由」の精神（ガイスト）が息づいている。これが廣松の多様な価値の交差としての「正義」実現論の前提をなす土台をなすものに他ならないのである。これが多数多様性という思考との廣松の親和性であり、この方向においてしか、今後廣松の正義論、自由論は発展させてゆくことはできないというのが、本論の主張なのである。

第三章　アトミズムと市民社会

――競争・差別・搾取の共同連関

「市民社会」なるものを国家と対決する反体制運動のキーワードのように言う見解がある。だがそれは本論の立場ではない。まさに市民社会は抑圧的国家権力とともに、それ自体が抑圧装置そのものにほかならない。なによりもアトミズム的競争社会に他ならないということ、第二には、諸個人は競争に分断されているので、その身分的・階層的・民族的・人種的・職業的・性別的・医学的などによる差異を契機としてその特異性自身に対して差別の機制を与えられている。このことは意識的に論述され・提起されなければならない。まさに本論は「民主的な市民社会を抑圧的な国家が支配している」ということではまったくなく、「社会的諸関係が国家―市民社会という抑圧態として編成されている」という立場である。

この場合あらかじめ前提をのべておくと、わたしはアトミズムをまさにマルクスがのべた「市民社会の利己的な個人」と規定する。

マルクスは『ユダヤ人問題によせて』（城塚登訳、岩波文庫）で次のように述べている。「封建社会は、その基礎へ、つまり人間へ、解消された。ただしそれは、実際にその基礎をなしていたような人間、つまり利己的な人間への解消であった」(五一頁)と。

つまり「万人の万人に対する闘争」の状態にあるような人間ということだ。この「利己的な人間」は市民社会では「私人として活動し、他の人間を手段とみなし、自分自身をも手段にまでおとしめ、疎遠な諸力の遊び道具となっている」(同、二四頁)という状態にある人間である。かかる状態をマルクスはもう少し説明して述べる。

「利己的な個人、市民社会の成員としての人間、すなわち、自分自身だけに閉じこもり、私利と私意とに閉じこもって、共同体から分離された個人であるような人間」(同、四六頁)と定義するのである。

まさに他者と競争し、他者を自分の私利＝蓄財を生み出す道具とし、他者と共同体的な連帯をつくりだそうとしない、そのような状態における人間存在のあり方をアトミズム、あるいは市民(ブルジョア)アトミズムと規定するのが、本論の立場である。

●個人間競争と社会的差別の機制――部落差別問題を軸として

日本を例にとるならば封建社会からいわゆる差別的身分制としてつづいている部落差別がそれである。例えば市民社会では部落差別事件――「連続・大量差別ハガキ事件」(二〇〇五年七月東京地裁判決・懲役二年実刑)をはじめとして、多くの差別事件がおこされている。民衆がアトミズム的に分断されているという状況において、社会的疎外感・閉塞感というものと、広範に根深く存在している社会的意識としての部落差別意識とが接合したとき、差別事件が発生するのではないか。

廣松渉は歴史家・沖浦和光との対談「解放の原点を問う」で次のように言っている。

「身分差別や職業差別は前近代社会からの遺制であるという概念規定が一応は可能だとしても、資本主義はあたらしい差別構造を生みだしつつ、旧来の差別構造を資本主義固有のそれに組み替える結果をもたらしておりますよね。……近代市民社会は平等主義を建前にしていても、実際には複雑なもろもろの差別構造に立脚した階級的支配を貫徹させているわけで、われわれの資本主義批判運動は、この秩序構造の総体をそれぞれの現場に即して打つものでなければならない」（部落解放同盟中央機関紙「解放新聞」第一五五五号。一九九二年一月二〇日号）と。部落差別は単に「封建遺制」とはいえないということ。資本の支配の一脈絡に再編されているということ。アトミズムの社会は競争社会であるゆえ、いろんな差別を機動力として展開しているということだ。

では部落差別が存在するという機制はどういうことだろうか。それは単に権力がある社会的階層を差別的に位置付けるということとしてのみあるのかが問題となる。廣松はいう。

「民衆のなかにも差別意識の構造があるのを前提として、支配階級がそれをうまくくみあげる。それにくわえて、意識的にそういう観念を固定化させたり、定着させたりしてくる。……生理的ということに準ずるくらいナチュラルにあるんではないでしょうか」。

「そういう価値意識のメカニズムにもとづいて職業上での〈貴賤〉の序列のようなものができて、このバックグラウンドというか下地にのっかかるかたちで、〈浄穢〉の差別がでてくるんではないか」（前掲第一五五四号、一九九二年一月一三日号）とのべている。社会的意識として差別があるということだ。

この浄穢の問題だが、廣松は部落差別をつぎのように分析する（「差別の存在構造を考える」。一九九一年九月、第二期『差別とたたかう文化』創刊第二号に発表され、後『情況』（二〇〇二年七月号）にそのまま掲載された）。ここで廣松は部落差別イデオロギーは「斃牛馬処理」という職業的身分差別にもとづくと固定的にとらえられてきたが、そういう経済的下部構造の実体の如何に関わらず成立した「穢視的差別イデオロギー」だと論定し、それは「共同主観的意識現象」の機制の一つだと論じるのである。

聞き手の笠松明広（『解放新聞』編集長）が「賤ではなく穢れ、というのが日本の部落差別を解く場合に一つのキーワードになると思うんですが、そのあたりは」という問いかけに応えて廣松は次のように展開した。

江戸時代において「斃牛馬処理ということについて言えば、被差別部落の人々がたずさわっていた職種・役の一部にすぎませんし、皮革関連に拡げても一部にすぎない」。だからこの分業労働「といったことに関係があろうとなかろうと、特別に賤視されていた層・集団が一括して穢多ということにされてしまった。これが最初の事態だったと考えられます。……『穢なり』と感知されて被差別民化されたのではなく、（インドにおける――引用者）不可触民に比定されたことにともなって穢視されるようになった」、つまり「穢視は穢（不浄）であることの直接的感知・直覚的認定に起因するものではなく、某々地区の出身者に関しては『昔から世間でそう見做している』ということに付和雷同して追認しているだけのことのように私には思えます」。つまり、「『世間の認定』というおよそ実体性のないものへの追随・追認であるだけに、これを是正するのが厄介至極ということにもなります」とのべ、イデオロギーは「下部構造（経済構造のこと――引用者）から相対的な自立性をもって存続」するので、下部構造が変われば「自動的に消滅するというものではありません」。かかる「穢視的差別イデオロギー」という「共同主観的意識現象を廃滅」するためには「イデオロギー闘争」が必要だと結論づけている。

社会的差別は階級支配に必要なイデオロギー的支配の形態なのである。まさにそのような共同観念として部落差別は存在している。

差別社会をわれわれはなくしたいと当然考える。だがそれは、現代の市民社会が民衆を分断していることを民衆がどのように突破していくか、連帯していくかという問題とセットで提起されているのである。ハイソサエティーがいい、格差社会で勝ち組と結びつきたいとか、そういう「自然と」醸成される意識の中に、競争社会——他者を自分の栄達・蓄財の手段としか考えないあり方のなかに、市民社会のメカニズムとしての自己疎外と差別がたえず再生産されているのである。

そして社会的差別があるということは、その反対規定としての社会的特権があるということとセットである。自由平等は「差別—特権」によって否定される。この特権の頂点に日本国家においては天皇制が位置しているのだ。これが〈社会的差別—権威的国家〉という在りようで〈国家—市民社会〉構成が成立しているということである。

社会的諸個人は「国家（の国民）」なる物象化に強迫的に回収・統合されると同時に、「市民（個人）なるもの」「～身分なるもの」に物象化されているのだ。このような国家—市民社会は近代に生きるわれわれを規定している存在被拘束性である。だからこそ、この近代の構成を解体していくことこそが、「近代の超克」として問われていることなのである。次に日本の市民社会を概観しておこう。

●格差社会と「強い個人」の理想像と生活保障の破壊

現代日本では、「一億総中流」から「下流社会」へといわれる現象がおきている。三浦展『下流社会』(光文社新書)は「階層格差が拡大している」とし、厚生労働省の『所得再分配調書』によれば「国民の総所得の四分の三を、所得の高い四分の一の人だけで占める状態」だと報告している(二一頁以降参照)。

「大都市圏の民間企業ホワイトカラー層にとっては、成果主義による所得格差の拡大はすでに現在進行中の事実」だと指摘する。所得格差の進行は例えば教育の機会均等を妨げる。上流ほど「良い」教育をうける機会に恵まれるということだ。だが逆に「完全なる機会均等社会が実現したら、結果の差はすべて純粋に個人的な能力に帰せられる。……そしてそれは究極的には、頭の悪さや無気力の原因を遺伝子に求めることになり、悪しき優生思想にたどりつく危険がある」とのべている。例として最近の「テレビ番組などにおける脳ブームやIQブームをあげている(同、二六六頁以下参照)。

このように近代市民社会の前提する自由競争は「強い個人」、競争に勝ち抜く人生、指導者というものを諸個人に要請している。自由競争と自己責任の社会である。

「強い個人」という人はどんな人のことなのか。

苅谷剛彦によれば経済における「強い個人」とは、「利益を合理的に見通すことのできる」人であり政治的には「市民社会の担い手になれるような」「公民的モラルを身につけた市民」である。「『強い個人の仮定』はだれもが強い個人になれることを前提している。そして強い個人であればこそ、『自己責任』を担いうると仮定される」(「『中流崩壊』に手を貸す教育改革」「中央公論」編集部編『論争・中流崩壊』中公新書ラクレ、一五二頁以降参照)。

「あるべき個人」になることが競争社会で要請されるが、それは「利益」と「公共」をキーワードにしている。まさに「国家」(公共)―市民社会(利益)のモラルを代表するような人格が要請されているのである。

だが「障害者自立支援法」などは、このような「強い個人」の要請の他方で、そのバラバラに自立した個人に対して、国家が最低限度必要な社会保障を切り捨て、重税をかけ、ますます貧困を生みだしていく典型的な事態となっている。同法は障害基礎年金約八万円~約六万円という低所得に対して介助費用の一割を自己負担とする、利用料を課している。この他、「障害者」が街に出て自由に移動できるための移動介助の保障を廃止、精神医療通院費公費負担の廃止などが制度化された。これは「障害者」隔離・抹殺の政策といってもけして過言ではない。介助が一日中必要な重度「障害者」ほど多額を支払わねばならないのである。まさに生活を破壊する「不正な布告」である。

このように国家が社会的セーフティネットを破壊するような、社会保障削減―重税政策を国民に強いることで、さらなる市民間の格差をつくりだそうとしているのが現代日本である。そのもっとも根柢には、民衆が個人に分断され、戦後形成されてきた労働組合、地域社会の助け合いなど、これまで民衆の生活と権利をまもってきた社会的に人々が連帯し相互扶助する空間が、八〇年代の行政改革と労働運動の右翼的統一などによって、その力をよわめてきたことが、大きな媒介となっている。民衆の連帯を現在の条件の中で再生していくことが問われている。国家の抑圧に拮抗し生活と権利をまもる共同性・民衆的協同体を再生するということを考えるためにも、以下、資本主義とアトミズムの問題について考察してゆきたい。

ここでは廣松に依拠しつつ、近代市民社会の自由平等主義、個人主義の機制について検討する。

●近代世界の特質としての「抽象的人間労働」の売買

廣松渉はこの市民社会のありようを「自由平等主義の欺瞞」として次のように展開している。「資本主義の突然変異」(著作集第一四巻、二〇七～二一四頁)で廣松は、「近代世界の特質」として「抽象的人間労働の売買」をまずは規定する。「労働(力)の売買」などは「かなり古くから歴史的に存在したと認めることもできる。がしかし……労働力が全般的に商品化しているわけではなく、生産関係が全般的に資本—賃労働関係になっているわけでもない。……しかしそれが社会経済の、ひいては社会編成の、機軸的な構制になっているところに近代世界の特質が認められる」。「労働の売買と呼ばれる事態においては『役立ち』つまり、具体的な『有用労働』に対して給付がおこなわれる。……ところが労働力の(商品としての)売買と規定される事態にあっては、『抽象的人間労働』の売買ということが、問題になる」。もちろん、「具体的有用労働」と「抽象的人間労働」は別々に存在するものではなく、労働の二重性をなすものだが、「レアールに実在する具体的人間労働」の売買や支出が「イデアールな抽象的人間労働」の「売買や支出としての意義をもつ(als gelten)かどうかは、当の労働の自然的属性に応ずることではなく、社会的関係規定(社会的関係からの反照的規定)である。そしてここで問題の社会的関係がとりもなおさず『資本─賃労働』関係にほかならないのである」。つまり、「イデアールな抽象的人間労働」としての「労働力」はどのようなものでも生産できるのであり、資本家の任意の商品を作り出す商品（抽象的人間労働）である。そのためどのような生産にでも自由に投下していくことができる。ここに商品生産は資本家的生産においてもっともあるがままの形態を表現するのであると。

●労働力商品の再生産費＝賃金の「労務の報酬」としての幻想化

労働力商品という商品によって生産物が商品として生産されること（商品による商品の生産）を通じ、全社会の生産物の交換は全面的な商品交換としておこなわれるようになる。商品の流通過程が生産過程をとりこむことによって、自立的な経済社会を定立したことを意味する。商品の売買によって流通過程をつうじて私的所有が形成されるが、これに対し労働はこの所有を実現する貨幣を獲得するものにほかならない。この私有と労働との関係が〈社会的労働はその内的必然として私有権を成立させる〉かのような観念を、つまり、「自己労働による自己所有」という社会的共同主観性を形成する。〈労働→貨幣〉の過程において労働力商品の再生産の代価でしかない賃金も〈労務の報酬〉として観念される。しかし「労働＝私的所有」は仮象である。資本主義の自由平等の理念としてある「労働と所有の同一性」「自己労働にもとづく所有」（ロック）とは、労働力の所有者にとっては、労働諸条件の資本家的領有のもとで労働力の搾取が展開されること──資本の労働に対する専制を覆い隠す共同幻想にほかならない。

マルクスは述べている。資本主義では「二つの非常に違った種類の商品所有者が対面し接触しなければならない。……その一方に立つのは貨幣や生産手段や生活手段の所有者であって、彼らにとっては自分がもっている価値額を他人の労働力の買い入れによって増殖することこそが必要なのである。他方に立つのは、自由な労働者。つまり自分の労働力の売り手であ」る。「このような商品市場の両極分化とともに、資本主義的生産の基本的諸条件は与えられている」(『資本論』第一巻二四章、岡崎次郎訳、国民文庫、第三分冊、三五九頁)。

このような労働力の商品化をつうじた資本家—労働者の労働市場での売買関係—商品交換の形態は階級支配を隠蔽する。アトムとしての抽象的な平等性、商品所有者の交換という同型性に現実の支配が覆い隠されるのである。

●賃金奴隷制の仮象としての近代的自由平等

廣松は「国民国家の問題構制」(著作集第一四巻)では、「自由平等主義をかかげる『市民主義』は近代『市民社会』においては『資本(家)—賃労働(者)』関係も、自由で平等な『同市民的関係』の一定在形態であると主張するが、これほどの欺瞞も珍しい。近代の賃労働者は『労働力という商品』の所有者・販売者として現象する。……労働者は……(奴隷や農奴のように——引用者)……経済外的強制によって働かされるのではなく、自発的に自由意志で『労働力』を販売する。……資本家と賃労働者との関係は、さしあたり、『労働力商品』の買手と売手との関係であり、それは『商品取引』である以上は、自由で対等な人格どうしの〝同市民的〟関係だが、……『生産活動の場面』まで視野に入れるとき、現実はおよそ同市民的関係などというものではない」。廣松は〈形式的〉には自由平等の関係だが、〈実質的〉には「マルクスの謂う『一種の奴隷制』『賃金奴隷制』とよばるべきものである現実」があると指摘する（同、三八七〜三八八頁）。廣松は二つの点（次の二節）を指摘する。

●資本の本源的蓄積と労働力の搾取

第一には、資本家による剰余価値の取得という点である。「近代の賃労働者は、労働主体としての再生産的自己維持（自己および次世代の労働主体としての再生産的自己維持）に必要な労働分（の財価値）を賃金というかたちで支払われ、剰余労働の対象化された剰余価値を資本家に取得される」（同、三九〇〜三九一頁）。

「労働力商品は価値どおりに売買され、別段資本家によって買い叩かれているわけではないのだとしても、まさに等価労働を通じて資本家は剰余価値を取得できる」わけだ。この労働生産過程において必要労働（労働力の再生産のために社会的に必要とされている労働分）以上に生産される「剰余労働分を収奪されるという構制では、古典的奴隷の場合も近代的労働者のばあいも同様である」（同、三九一頁）と。

このような労働力はどのように産出されているのか。マルクスは次のように述べている。

「資本関係は労働者と労働実現条件の所有との分離を前提する。……資本関係を創造する過程は……一方では社会の生活手段と生産手段を資本に転化させ他方では直接生産者を賃金労働者に転化させる過程以外のなにものでもありえない。いわゆる本源的蓄積は生産者と生産手段との歴史的分離過程にほかならない」。「この新たに解放された人々はかれらからすべての生産手段が奪い取られ、古い封建的な諸制度によって与えられていた彼らの生存の保証がことごとく奪い取られてしまってから、はじめて自分自身の売り手になる。そしてこのような彼らの収奪の歴史は、血に染まり火と燃える文字で人類の年代記に書きこまれている」のだ。「賃金労働者とともに資本家を生み出す発展の出発点は、労働者の隷属状態だった。そこからの前進は、この隷属の形態変化に、すなわち封建的搾取の資本主義的搾取への転化にあった。……人間の大群が突然暴力的にその生活維持手段から引き離されて無保護なプロレタリアとして労働市場に投げ出される瞬間である。農村の生産者すなわち農民からの土地収奪は、この全過程の基礎をなしている」。つまり「奴隷や農奴などのように彼ら自身が直接に生産手段の一部であるのでもなければ、自営農民などの場合のように生産手段が彼らのものであるのでもなく、彼らはむしろ生産手段から自由であり離れており免れているという二重の意味で」「自由な労働者」が形成されたのだ（前掲『資本論』第一巻第二四章、第三分冊、一二六〇〜一二六二頁）。

●資本の労働に対する実質的包摂と生産ロボット化

廣松は次に第二の論点としてつぎのような事態を指摘している。

「労働主体が資本に『実質的に包摂（従属）される構制になっていること』」。第一の論点＝労働の「形態的包摂」ではすまず、「労働者は巨大なメカニズムの部品・歯車のような地位にくみこまれることになり、がんじがらめに『実質的に包摂』されてしまう」。「実質的には一種の『強制労働』を課せられる事態になっている。この点でも奴隷制に類する」(「国民国家の問題構成」著作集前掲、三九二頁)。こうしたことは、リストラ不況の中で、労働強化が行われ、これに応じられない労働者を不当に解雇・配転するなどの事態が現出していることでも明らかなことだ。「過労死」などはその典型である。

「彼は生存を維持するためには誰かしら資本家(法人資本家をも含みうる)に傭われて、そこの労働過程で実質的に包摂されざるをえないのであるから、階級としての資本家階級に隷従する構制を免れない」(同)と。

まさに交換価値での自由平等の形式は、階級制度を商品形態によって隠蔽してしまう擬制なのである。例えばアントニオ・ネグリは「近代の民主主義とは交換価値の全面的実現である。あらゆる民主主義の制度的形態は、単に全面的に実現された交換価値の表象にすぎない」(『マルクスをこえるマルクス』清水和巳訳、作品社、九一頁)といっている。

さらに「人口法則すら資本の論理に服する。さらに言えば、労働者大衆の消費生活の在り方、いかなる消費財をいかなる量で消費するか、これすら……やはり資本の論理で規制される」(「国民国家の問題構成」著作集前掲、三九二〜三九三頁)。まさに労働者は生産ロボットとして存在させられる。廣松はこのように賃金奴隷制の形成の機制を論じたのである。

●労働力の資本の生産力としての組織化

資本制的生産過程は、労働・生産過程と価値形成・増殖過程の統一として資本家による労働力の搾取としての価値形成・増殖の過程―剰余価値の生産を目的として運動する過程である。

協業的生産過程における「資本家の指揮は、内容から見れば二重的であって、それは指揮される生産過程そのものが一面では生産物の生産のための社会的な労働過程であり他面では資本の価値増殖過程であるというその二重性によるのであるが、この指揮はまた形態からみれば専制的である」。「一つの軍隊が仕官や下士官を必要とするように、同じ資本の指揮のもとで資本の名によって指揮する産業士官（支配人）や産業下士官（職工長）を必要とする。監督という労働が彼らの専有の機能に固定する」（前掲『資本論』第一巻第一一章、第二分冊、一八八頁）のである。こうして生産過程における資本家的権威が展開することになる。

労働力商品の所有者は労働過程においては資本に合体し「資本の一つの特殊な存在様式」として、労働者の発揮する生きた労働を「資本の生産力」「資本の内在的な生産力」として組織するということにもとづくのである（同、一八五頁）。つまり「交換の法則が要求する同等性は、ただ、交換によって互いに引き渡される商品の交換価値の同等性だけである。……取引が終了してからはじまるこれらの使用価値（すなわち労働力――引用者）の（生産過程における――引用者）消費（による剰余価値の産出――引用者）とはまったく何の関係もない」（前掲『資本論』第一巻第二二章。第三分冊、一四〇頁）のである。つまり資本家は生産過程において使用価値としての労働力をその指揮の下で、資本の生産力として消費する。それにより剰余価値を生産することをつうじて資本の生産物を生産する。その生産物は労働者の生産物ではない。階級として――個々の資本家と労働者ではなく――資本家階級と労働者階級としてみたとき、労働者はその資本の生産物を先に労働市場で資本家と交換した貨幣

（労働賃金）によって買い戻し、自己の労働力を再生産するという関係に入る。こうした関係性、資本主義的協業のかかる特質は、労働者が生産諸条件から疎外され、資本家の所有する生産諸条件に従属し、その資本の付属物として位置させられていくという関係として確立してきたのである。

●資本間競争と労働力の価値の実際的決定

資本は好況期には資本の蓄積による拡張をおこない、労働力を吸収し、不況期に形成された過剰人口、つまり資本の蓄積に対して相対的に過剰な労働力を減少させ、労働力の価値の騰貴をもたらす。恐慌後の不況期には、固定資本―生産方法の変革、技術革新により、労働力に対して生産手段の量的比率・資本構成を増大させる。したがって相対的過剰人口の増大と労働力の価格の下落、利潤率の上昇を形成する。そして資本はこれにより新たな資本蓄積の拡大可能性を形成することになる。こうして資本主義は資本の蓄積に適応した労働人口を確保するという人口「法則」を展開する。労働者はこの展開に運命を左右される。

こうした資本の運動の中で実際に労働力の価値は、最終的には資本間競争による平均利潤率の形成をもって決定する。労働力の価値は生産手段の維持・更新のための費用と一体化した「費用価格」としてあつかわれる。市場価格はこの費用価格に平均利潤を加えたものである。生産物は市場での資本間競争による市場生産価格にもとづいて売買される。まさに市場での需給関係、資本の競争による結果として、労働力の価値は、現実的に決定される。市場生産価格での売買では、より生産性の高い企業が、生産性の低い企業に勝つ。前者は超過利潤を得、後者は損失をみることになる。競争に失敗した企業は労働者への賃金抑制、人員削減、生産方法の見直しなどをせまられる。これらの場面では単純（投下）労働価値説は基本的に失効するのである。

●市場の動因による価値決定と「として機制」（等値化的統一）

商品交換については、廣松理論では「として機制」での「交換的等値」説を定義する。労働価値説での「商品の価値」とは「社会的に必要な労働時間」によって決定されるとされる。この場合、実際にかかった労働時間ではなく、「社会的に必要」ということがここでのポイントだ。例えば宇野弘蔵編『資本論研究【I】』（筑摩書房）では、「社会的に必要な労働時間」において「社会的に正常な技術的条件を基礎とする必要な労働時間」（技術説）と「社会的な需要に必要な労働時間」（需要説）の対立が見られるが「技術的に必要な労働時間を基礎として社会的需要をみたすに必要な労働時間として理解されるべき」（一〇頁、括弧内引用者）という見解がある。この説明に則していうと、廣松はもっと「需要説」の立場に位置する。以下、彼の説明を聞こう（前掲『今こそマルクスを読み返す』九二〜九三頁）。

廣松は市場での交換という機制を次のように説明する。

「『人々は、彼らの異種の生産物どうしを交換において等値とすることで、彼らのさまざまな労働どうしを人間労働（抽象的人間労働）として等値するのである』（S. 51）（資本論第一巻第二版、neue. MEGA. II. 6. S. 104F. ——引用者）。見られるように、マルクス自身の立場では、『価値的等値』→『労働の等値』であって、通常の労働価値説とは逆になります。マルクス自ら『逆である』と明言しております」。「ありていに言えば、商品交換が交換的に等値されること（いわゆる等価交換が社会的・現実的におこなわれること）から、逆算して、それら両商品に対象化されている労働量が等量であると事後的に認定されるのです」と。

「生産物に対象化されている労働量」というのは、例えば綿織物の場合、糸を紡ぐのに必要な労働量、原料である綿花を生産するのに必要な農業労働の量、それに機械の損耗分に相当する労働量、こういったものの総計なのですから、到底直接に測定することは不可能です」という。これはだから技術説ではなく需要説に立つ立場といえるだろう。もっとも廣松は「単なる流通・交換の場面だけできまるのではなく、生産の場面をも含めた」「総過程によって媒介され決定される」とのべる。つまりこれは、そのような総過程の最終結果である需給関係において、市場価格の決定との関係で決定されるということではないか。廣松は次のように言っている。

「マルクスの謂う『当事者たちの背後での一つの社会的過程』なるものは、生産物の供給量と需給量との動態的関係、市場的競争という要因を含むが、これは尽きない。各商品それぞれの需給が均衡している場面における商品種類毎の価値基準、これがどう決まるかということこそが肝心な問題だからである。……価値の大きさという一種の社会的評価は……生産・流通の社会的総過程によって規制されている」。これが「交換的等値」（として機制）としていわれていることだ。まさに市場生産価格として決定されるということ以外ではないのである。

かくして「資本家的商品経済は、それを価格の運動によって調整せられつつ価値法則によって実現するのである。すなわち個々の生産物の生産に必要な労働時間を基準にして、全社会のその生産物に対する需要に応じて、資本は労働力と生産手段とをそれぞれの生産に投ずることになる」（宇野弘蔵『経済原論』岩波書店、一一六頁）のである。これが「価値法則の実現」ということだ（ここではこの「法則」という表現については、たちいらない）。

●企業共同体イデオロギーと個人間競争

このように資本制企業はまさに市場の評価の中で存立するものとしてある。市場競争が企業共同体イデオロギーを形成する。

廣松はつぎのようにのべている。「資本制企業は国内国外の同種的企業と激烈な競争関係にあり、弱肉強食の状態にあるとあってみれば、企業の生き残りを賭けた競争に打ち克つべく、業績の向上に努めることが企業体成員の〝共同利益〟に適うものと意識される。ここに、企業の産品を……質的により良くより多くし」業績をあげることが「企業という協働的連関態＝協働態の〝統一的志向目的〟に擬せられる所以ともなる」。「ここでは企業という協働態が〝利益共同体〟しかも〝運命共同体〟の相で思念される」（前掲『存在と意味』第二巻、三八五頁）のである。つまり資本家と労働者という階級関係が隠蔽され、企業が運命共同体として考えられる。このことは、個人間競争を基本としたアトミズムについて見た場合、それが企業（資本）間競争という社会的枠組みを単位として展開することを意味するものである。個人の蓄財はしかして、自分の所属する企業の興隆に規定されるということである。その資本内における成員の競争が組織される。こうして企業運命共同体イデオロギーと個人間競争は相互媒介的に規定しあっているのである。

●『経済学批判要綱』（グルントリッセ）と「ミル・ノート」におけるアトミズム批判

近年、マルクス主義の生産力主義としての価値観が批判されてきた。わたしもその論者の一人である（拙稿「唯物史観の生態史観への読み替えは可能か」『理戦』、実践社、八〇号所収）。だがマルクスにも現代においてもなお輝いている、見るべき論点はある。マルクスのアトミズム批判、自由競争への批判がそれだ。マルクス・エンゲルスはブルジョア・アトミズムを克服し人間が諸個人の連帯のなかで共生できるオルタナティブな共同体をめざした。このプランが生産力主義的な社会主義だった。しかしそれは二〇世紀資本主義やソ連圏などが生み出した環境破壊の現実の前に変更を余儀なくされている。だからマルクス・エンゲルスはオルタナティブがうまくいかなかったのであり、彼らのアトミズム批判がそれによって意義をうしなうことはない。ラディカルな立場を確定するためには彼のアトミズム批判はなお輝きをもっているのだ。

●「自立した個人」という社会通念

「われわれが歴史を遠くさかのぼればさかのぼるほど、個人――したがって生産する個人は、ますます非自立的なものとして、いっそう大きな一つの全体に属するものとして現れる。即ち……さまざまな形態の共同体に属するものとして現れる。一八世紀に『市民社会』ではじめて、種々の形態の社会的連繫は、個人の私的目的のためのたんなる手段として、外的必然として、個々人に対立するようになる。だが、このような立場、個別化された個々人の立場を生み出す時代こそ、まさにそれまでのうちでもっとも発展した社会的な諸関係の時代なのである。人間は文字通りの意味での社会的動物」「であるばかりでなく、社会のなかでだけ自己を個別化することのできる動物である。社会の外部で個別化された個々人の生産というものは、……ともに生活し、ともに語る諸個人のない言語の発達というに等しい一つの背理である」（『経済学批判要綱』高木幸二郎訳、大月書店、第一分冊、六頁）。

つまり人間の個別化・自立化というものも社会的編成のあり方としておこなわれるということだ。「たがいに無関心な個人の相互的かつ全面的な依存性が、彼らの社会的関連を形成する。この社会的関連は交換価値において現れている。その交換価値において各個人にとっては彼固有の活動または彼の生産物がはじめて各個人のための活動または生産物となる。個人は一般的な生産物―交換価値を……貨幣を生産しなければならない。他方、各個人が他人の活動または社会的富におよぼす力は、交換価値の所有者、貨幣の所有者としての彼のうちに存する。彼の社会的力は、彼の社会との関係と同じく、彼のポケットの中にある」（同、七八頁）。人間の社会的な力は今や、生産物を交換する力、その力による蓄財として認識されるのだ。

●諸個人の自由競争の担い手への物象化

「一切の生産物と活動とを交換価値に解消することは、生産におけるいっさいの不動の人的（歴史的）依存関係を解消するとともに、生産者相互間の全面的依存性をも前提している。どの個人の生産も他のすべての人々の生産に依存しており、それとともに彼の生産物を自分自身の生活手段に転化することも、他のすべての人々の消費に依存したものとなっている。……交換がすべての生産関係にいきわたるのもブルジョア社会、自由競争の社会ではじめて発展するのであり、またつねに完全に発展する」（同、七七頁）。

つまり交換価値という普遍的な交通手段をつうじて交換の総連関が形成されるということだ。個人はその中で、これらの連関の〈項〉として、個別的な利害を表明する。しかし同時に、個人の意識においては、この個別的利益は、その共同社会的な生産活動によるものとして実現されたものではなく、またそのようなものとして対自的に捉えかえされているわけではないのである。「交換価値と貨幣とによって媒介されるものとしての交換は、もちろん生産者の全面的な相互依存性を前提するが、しかし同時に生産者の私的利益の完全な孤立化と社会的分業を前提する。この私的利益の孤立化と社会的分業との統一と相互的な補完とは、いわば自然的関係として個人の外部に、彼らから独立して存在する」（同、七九頁）という具合になっているのである。

●分業（協働）の諸個人に対する強制力としての展開

そこでマルクスは個人と社会の関係を次のようにまとめるのである。

「1）個人はもはや社会のために、かつ社会の内部でしか生産しないこと。2）彼らの生産は直接には社会的でないこと、相互に分業をおこなっている協同生活の所産ではないこと、これである。個人は、彼らの外部に一つの宿命として存在する社会的生産のもとに包括されているけれども、社会的生産（のありよう――引用者）はそれを自分たちの共有の力能として取り扱う個人のもとに包摂されてはいない」（同、七九〜八〇頁）。つまり生産者個人に対して社会的生産は「社会的威力、すなわち幾重にも倍化された生産力——それはさまざまな諸個人の分業の内に条件づけられた協働によって生じる——は、協働そのものが自由意志的でなく自然発生的であるために、当の諸個人には、彼ら自身の連合した力としてではなく、疎遠な、彼らの外部に自存する強制力として現れる」（『ドイツ・イデオロギー』廣松渉編訳、小林昌人補訳、岩波文庫、六九頁）ということだ。こうして「すべての労働生産物、力能、活動の私的交換は、……生産手段の共有的な領有と規制との基礎のうえに協同している諸個人の自由な交換とも対立している」（前掲『経済学批判要綱』七九〜八〇頁）のである。

こうして近代市民社会における私人的な間主観性において人間はその共同的関係性をそのままのすがたで実現することはできず、利己的な形態でもって社会・他者に対して存在している。個人は協働（システム）に対して労働力の販売者としてのみ関係する。ここでは個人と共同性は分離した二項として存在しているのである。

分業（協業）も、私的所有にもとづく〈交換〉によって、作られた関係となっている。こうして社会全体がアトミズム的なあり方へと形態化されている。〈商品交換〉（貨幣）のほうが、人間の共同社会を——アトミズムという形で——つくりあげているという、まさに倒錯した〈商品交換〉（貨幣）の物象化の観念が成立しているのである。

●資本家的商品交換社会の神としての貨幣

このありようをマルクスは「ミル・ノート」で次のように考察している。

「ミルは貨幣を交換の媒介者と特徴づけているが、これは卓見で、事項の本質を概念にまで高めている。貨幣の本質は、さしあたりそのうちに所有が外在化されていることにあるのではなく、人間の生産物がそれをつうじて相互に補完しあうところの媒介的な活動や運動、つまり、人間的、社会的な行為が……貨幣の属性になっていることにある。……ここでは自己を喪失した非人間化された人間として活動しているにすぎない。物と物との関係そのもの、物を操作する人間の作用が、人間の外に、しかも人間の上に存在するある実在の作用になっている」。つまり、人間の商品交換がその媒介者としての貨幣を作ったにもかかわらず、人間の活動のほうが、貨幣という物の属性として思念されてしまっている。だからマルクスはいうのだ。「この仲介者がいまや現実の神になることは明らかだ。なぜなら、この仲介者は、それがわたしに媒介してくれるものを左右する現実の力なのだから。これに対する崇拝が自己目的となる。この仲介者から切りはなされた諸対象は、その価値を喪失した」。だから、マルクスは貨幣とキリストをアナロジーする。「キリストは、もともと（1）神の前では人類を（2）人類に対しては神を（3）人間にとっては人類を代表している。同様に貨幣は……（1）私的所有に対して私的所有を（2）私的所有に対して社会を（3）社会に対して私的所有を代表している。だがキリストは外在化された神であり、外在化された人間である。神はもはや、キリストを代表するかぎりで価値をもつにすぎず、人間はもはや、キリストを代表するかぎりで価値をもつにすぎない。貨幣についてもこれと同様である」（『マルクス・エンゲルス全集』第四〇巻、大内兵衛ほか監訳、大月書店、原書ページ四四六頁）のである。

こうした「交換をおこなう人間」のありようを彼は次のようにまとめる。

●モノとモノの交換とアトミズム的人間観

「それは私的所有に対する私的所有の抽象的な関係である。そしてこの抽象的な関係が価値であって、この価値としての現実的な実存が、まさしく貨幣なのである。交換をおこなう人間は、人間として相互に関係しあうのではないのだから、事物は人間的所有、人格的所有という意味を失う」（同、四四七頁）。

つまり人間は私的所有者・商品所有者としての〈商品交換〉という関係に投げ出されている。人と人との関係が物と物との関係として物象化されている。もし交換する力（貨幣）をもたないなら、その諸関係において存在する価値の一切を失う。「金の切れ目が縁の切れ目」だ。人間の社会生活は貨幣の属性へと転化している。だから近代市民社会では、蓄財が個人の最高の価値とされざるを得ないのである。

さらに労働力商品の所有者である労働者はどういう関係性をさだめられるだろうか。

「交換の関係が前提されれば、労働は直接的な営利労働」となり、生産物は交換価値として生産されるようになったわけだが、それは例えば営利労働をつうじて「労働者が社会的諸欲望によって規定される」ようになることを意味している。

その場合、労働者にとって社会的諸欲望は「自分の必要を充足するための源泉という意味しかもたず、他方、社会的諸欲望にとっては、労働者はただこれらの欲望につかえる奴隷として存在しているにすぎない」（同、四五四頁）。

さらに労働者にとっては「自分の個人的実存を維持することが活動の目的となり」、「したがって私的所有関係の内部では社会的力が大きくなり完成されていけばいくほど人間はそれだけますます利己的になり、没社会的になり、人間固有の本質からますます疎外されていく」ということになる。

何が疎外されているのか。交換において「それぞれ相手が生産した相互の対象物にたいする観念上の関係は、いうまでもなく、われわれ相互の欲望である」。だから商品所有者の「われわれが相互に認め合う価値は、われわれのお互いの対象物の価値である。だから人間そのものは、われわれのあいだでは無価値である」（同、四六一頁）ということだ。

●人間的友愛を否定する「自己労働に基づく自己所有」の論理

こうして私的所有にもとづく交換は人間をモノ化する。個人主義を社会の共同主観性とするのである。まさに諸個人が共同体的に存在している当の機制（メカニズム）を対自化することを妨げ、〈われわれ〉を、他者を自分の個人主義的欲求を実現する手段とするような自由競争の社会が正当化されるのだ。他者などは〈わたし〉の意識において位置づけられた「他者」でよいのである。それ以外の「他者」を発見しても〈わたし〉は決して富むことはないだろうからだ。したがって、他者を見出し共同する人間になることが理解できなくなる。欲望は〈わたし〉にとっては「欠乏」にほかならない。欲望がかない欠乏が補われれば、またその先に欲望が自己の〈欠乏〉として意識される。その欠乏を解決する手段が社会であり、他者なのである。こうして個人は、近代市民社会では、自存的な利益をもつものとして思念され、実体化されてしまうのである。まさにアトム（自立した個人）の集合＝社会という観念、「自己労働にもとづく所有」という観念を社会通念にする。そういうものとして人間の類的本質を疎外するのである。

「天上の生活とは政治的共同体における生活であって、そのなかでは人間は自分を共同的存在と考えている。地上の生活とは、市民社会における生活であって、そのなかでは人間は私人として活動し、他の人間を手段とみなし自分自身をも手段にまでおとしめ、疎遠な諸力の遊び道具となっている」（『ユダヤ人問題に寄せて』城塚登訳、岩波文庫、一四頁）とマルクスは市民社会を弾劾するのである。

●「自己労働による所有」の植民地主義イデオロギーへの展開

このような「自己労働にもとづく所有」という価値観の展開が、植民地主義イデオロギーへと展開、連接する様相をみておこう。

ロックは次のように述べている。「イギリスにおいて二〇ブッシェルの小麦を産する一エイカの土地と、アメリカにあって同じ経営をおこなえば同量を産するはずの一エイカの土地とは疑いもなく同一の自然に固有の価値をもっている。しかし人類が前者から一年に受け取る利益は五ポンドに値するが、後者からは、もしインディアンがそこから受け取る全収益をイギリスで値踏みして売ったら、おそらく一ペニにもならないであろう。少なくとも千分の一にも値しないといって間違いあるまい。したがって、土地に価値の大部分をおくのは労働であり、労働なしには土地はほとんど無価値なのである」（『統治論』四三節、前掲、二一九〜二二〇頁）と。

エレン・メイクシンズ・ウッドは、ロックにおいては「労働が所有権を作りだすのである。そしてその価値は事物に『固有なもの』ではなく、交換価値なのである。……単に占有しただけでは所有権は生まれない。だから狩猟と採集では所有権は確立できないが、農業はこれを確立できることになる」。「アメリカのインディアンの社会のように、本来の意味での商業がなく、土地の改良が行われない場所では、本来の所有権は存在していない。そのため改良されていない土地を他者が取得することは許されるのである」。「ロックは、植民地の拡張を正当化するために、基本的に資本主義的な意味をもつ〈所有〉という新しい概念に依拠した」（『資本の帝国』中山元訳、紀伊國屋書店、一六二～一六五頁）のであったと論じた。ウッドはこうしてロックが「自己労働にもとづく所有」という自由主義思想においてまた、植民地の拡張を肯定したとのべているのである。

以上のように近代市民社会はその所有観にもとづき「同型的・自立的な subjectum（基体——引用者）として了解された諸個人を分子的な単位となし、かかる近代的 subject として了解された諸個人の人格的複合として社会を表象する観方」（前掲『唯物史観と国家論』九四頁）を基本とするということになる。

だから「近代ブルジョア的国家観は、近代＝ブルジョア的に了解された人間、つまり、本来的に同型的で自立的な諸個人、このようなものとして自発的な主体たる人間の諸個人が、彼らのヒューマン・ネイチャーにもとづいて、有意的活動によって創出したものとして「国家」を了解する」（同、二二九頁）ことになるのである。まさに社会すなわち〈諸個人の協働連関〉の「項」たる個人を自立化・自存視した「自立した個人」などというものを価値とするのはブルジョア・イデオロギーにすぎないのだ。次にこのような問題意識において、現代のリバータリアン・コミュニタリアン論争を概観しよう。

●リバータリアンとコミュニタリアンの論争

個人主義と、その是正を問題意識とした、現代の理論的なこころみのひとつとしてリバータリアンとコミュニタリアンの論争は位置づけられる。

リベラリズムの潮流はおおきく二つの傾向に整理できる。(一) 自由権的基本権の平等な分配、機会均等と差別の是正、個人格差の補填をもとめる平等主義的な傾向 (ロールズなど)。(二) 市場原理主義を主張するもの。個人の活動に対する干渉を防止することに社会契約の基準をおき、個人の権利保護のみを共同体の目的とする。つまり「他者危害」(自由は他者に危害が及ぶような行為にたいしてだけ制限される) の原則がすべてということだ。ここでのポイントは個人の活動は交換される物に限界があることによって制約されている、だから自発的に交換がおこなわれないと諸個人には平等に分配がおこなわれないと考えることである。したがって市場 (交換) はあらゆる制限を取り払っておこなわれなければならない。公共財は政府―公的秩序によるよりも民営化―市場(交換)によって成される方が効率的だというマネタリズムへと展開する (フリードマン)。これら二者は相互批判の関係にあるが、この二つの傾向の共通点はアトム的個人の契約を前提にしていることである。

例えば、ロールズの「正義論」(社会契約論) は、ホッブスやルソーなどが「自然状態」(万人の万人にたいする闘争) を想定したように、「原初状態」(オリジナル・ポジション) を想定することである。そこではバラバラに分裂させられた諸個人が、一切の社会性、公正な正義を判断する能力を奪われていると仮定する。これが「無知のベール」である。そこでマキシミン・ルール（最悪の事態を最大限改善する）によって、公正な競争をもとめ、許容可能な不平等の限界の認識を共有化するルールを作りたいと考えるようになる。リスクを回避するこの関係性から、（一）自由権的基本権の平等な確保。（二—A）機会均等と（二—B）社会的諸個人が許容できる以上（この基準を決める）の不平等な格差を蒙っている人々の生活の改善、格差の是正という「正義の二原理」が導かれる。この正義論は各近代民主主義国家の憲法にふくまれた人権条項の交差を実体とする「重なり合う合意」をつうじた公正な協力の社会をもとめるルールへと展開するのである。

これに対して、コミュニタリアン（マッキンタイア、サンデルら）は、リベラリズムを〈社会から自我を分離させている〉と批判する。ここでは例えばマッキンタイアがつぎのようにいっていることがポイントになる。

「私はただの個人としては、善そのものを求め、諸徳を実行することが決してできない……〈善き生を生きる〉ということが何かは環境によって具体的には変化する」。

「私はこのあるいはあの都市の市民であり、特定のギルド、職業団体の一員である。私はこの一族、あの部族、この民族に属している。したがって、私にとって善いことは、これらの役割を生きている者にとっての善であるはずだ。そういうものとして私は、私の家、私の都市、私の部族、私の民族の過去から負債と遺産、正当な期待と責務をいろいろ相続しているのである。これらは私の人生の所与となり出発点となっている……この思考は、近代の個人主義の立脚点からは、おそらく異質で驚くべきものとすら見えるであろう」。個人主義では、それらの社会的共同性は「私が自分で選ぶところのもの」であり、コミュニタリアンが言うような所与の被拘束性ではないからだ。

つまり「わたしは過去をともなって生まれたのだ。とすれば、個人主義者の流儀でもって私自身をその過去から切り離そうとすることは、私の現在の諸関係を不具にすることである。歴史的同一性を所有することは、とりもなおさず社会的同一性を所有することに合致するからだ。……自己はその道徳的同一性を家族、近隣、都市、部族などの諸共同体の一員であることをとおしてそこで見出す必要がある」。これが社会的個人にとっての「始点」となるものだと述べ「したがって私が何であるかは、その主要な部分において私が相続しているものである」(アラスデア・マッキンタイア『美徳なき時代』篠崎栄訳、みすず書房、二六九〜二七一頁)というのである。個々別の共同体への帰属が社会的自己が存立するポイントになっているのである。(ここではポイント的におさえることしかできないが、以上の論争の平易で全体を見通した解説としては、青木孝平『コミュニタリアニズムへ』(社会評論社)を参照せよ)。

だからリバータリアンが個人の権利を強調するのに対してコミュニタリアンは共同体の共通善＝社会的ルールを機軸とするのである。こうしてみてくると、廣松の論ずる「われわれとしてのわれ」として人間は本源的に共同的存在であるという原理から考えた場合、個人主義と親交を結ぶよりも、コミュニタリアニズムとの応接・対話をした方が有益だということは一応言えるであろう。

誤解のないように述べておくならば、かかるコミュニタリアンの主張はいわば社会実在論の一種と規定できるが、それを直ちにファシズムなどの政治的全体主義と規定するのには無理がある。全体主義―その一分類としてのファシズムには独自な機制が存在するのである。概念化するならば近代の民主主義的法秩序、コミュニタリアンがのべるような共同体的なルールをもった秩序が何らかの体制的危機によって崩れることを前提とする。この崩壊の中で国家によって組織された民族排外主義と軍事警察を機動実体とした国家権威主義が重要な要素となり形成される政治体制である。ファシズムはかかる政治体制を目的意識的に追求する政党の権力の掌握によって形成されるのである。これと一般的なコミュニタリアンの言説は区別する必要がある。

こうしてブルジョアアトミズム（自己労働にもとづく自己所有を原理とする）は、共同体的な価値（正義）の問題と直面することになるのである。

第二部——日本ナショナリズムと共同体

第一章　国家共同体の「物語」

——天皇制ナショナリズムと全体主義

●改憲——有事動員体制と新たな国家共同体イデオロギー

有事法制が国会で審議されていた当時の話だ。二〇〇三年五月一六日の産経新聞では、同紙の編集特別委員・久保紘之が「平成の考現学」という論説文で有事法制の審議にふれ「弱い共同体意識・国民に欠ける自守の精神」というタイトルで書いている。「国民が全員で国を守るという覚悟を不問にした有事法制というべきか？」と表明している。有事法制はあまりにも「中途半端」であると。「ここでもっと気がかりなのはもっと根本的な問題が置き去りにされているのではないかという疑問である」。「国家（自衛隊）は加害者、国民は被害者という、奇妙な倒錯観念が幅をきかせているかに見えることである」という。

久保は元警視庁長官・国松孝次の『スイス探訪』（角川書店）を紹介する。「制度はそれを根幹で支える『魂』のようなものがある。スイスの民間防衛の場合、その魂は『自分のことは自分で守る』

という自守の精神である」。ところが有事の際に行動するのは自衛隊と警察であり「国民はそれに〝協力〟することになっている」。「国民の権利を侵害しないよう諸条件が詳細に規定される」が「有事対処の要諦である臨機応変の柔軟な措置をどう保障するかはぬけおちることになる」。

久保は国松の引用のあとで「ルソーは『(共同社会を守るために)おまえの死ぬことが国家に必要なのだというとき市民は死ななければならない』(社会契約論)と言っている」。だが「国民主権と国家主権とがまるで敵対関係にあるかのような戦後憲法のもとでは、この『共同体意識』は、はぐくみようがあるまい」とのべているのである。運命共同体としての国家は戦後憲法の下ではつくれないということを久保はいいたいのだと私は思う。

国家共同体精神。これが戦後民主主義の個人主義的な自由主義を食い破って組織されなければならないということだろう。国民＝国家の協働ということが規範として提起されているということである。

ここで少し戦後国家の現状を確認しておこう。

久保がいうのとは、まったく違う意味でだが、現在の日本は「国家共同体」をうんぬんするにはあまりにも落ちぶれ果てているといわなければならない。そのことを象徴する出来事が二〇〇五年八月、沖縄・普天間基地に隣接する沖縄国際大学へのＣ８―５３米軍ヘリ墜落事件である。事件が起きた直後、基地の中から米兵が直接大学に突入し現場を確保した。そして日本の警察の捜査、大学の学長の視察などを一切拒否したのだ。ヘリに乗っていた米兵三名は翌月アメリカに帰還した。日本警察は事情聴取もできなかったのである。この現実に今日の日本の現実があますところなく示されている。

まさに日米のパートナーシップのもとでアメリカが日本に対して主権を行使しているのだ。これが日米安保体制の現実である。戦後日本の政治過程は憲法九条の改悪―死文化から国家の自衛軍の明記を柱とする憲法改悪政策へと展開する過程だったが、その場合、まず何よりも見ておく必要があるのは、有事法制―武力攻撃事態法が日米安保軍の行動法規として作成されていることである。第二条の「対処処置」の項目には武力攻撃に対処するため「日米安保条約に従って武力攻撃を排除するために必要な行動」と明記されていることにそれは明らかである。

ここで近代国家の自衛権についての一般的な原則とされているものを確認しておこう。

一般論としていえば近代ブルジョア民主主義国家がその自衛の権利として、国民との契約にもとづく市民社会の防衛のために自衛権を確保している状態は当然の状態であるといえる。自衛権には国家の自衛武装と、民衆の抵抗権・革命権が含まれる。完全な人民主権の共和主義政体では、国民皆兵が程度の差、方法上の相違はあれ、〈何らかの〉制度的表現をとって実施される。マルクスはパリ・コミューン（一八七一年）の原則の一つに「全人民武装」をあげているが、それは近代の人民主権の基本原則の一つのコミューン的表現だったのである。少なくとも国民は国家と自己保存の契約をむすんでおり、納税の義務とひきかえに安全を約束されるというのが近代民主主義国家のルールである。

これに対し戦後リベラル派憲法学の通説では、日本国憲法九条は自衛戦争も放棄する、絶対平和主義と定義される。「自衛権と結びつけてただちに自衛戦争および自衛隊を憲法の容認するものとみなすのは、憲法の真意を曲げる論理の飛躍」（清宮四郎『憲法Ⅰ』有斐閣、一一五頁）であるということだ。それは憲法九条がファシズム国家・大日本帝国という国家の武装解除法規としての意味をもつことを規定的な要因としてくみたてられた論理にほかならない。これに対し保守ならびに右派改憲派は自衛権を「自衛のための戦力」〈として〉主張し、さらには国防軍を確認する「普通の国家」を建設せよと主張してきたのだ。

だが沖縄国際大学事件の事例をみてもわかるように、現実に日本の国家主権がアメリカの主権の下位にあるような国家体制が存在する。つまり日本の自衛権は実質上、憲法ではなく日米安保軍事同盟に規定されるという以外ない状態が存在するのだ。だから有事立法の審議にあたって小泉首相は「そなえあればうれいなし」と一般的にいってだれも否定できないような発言をしているが、日米安保体制下の自衛（武装）権の主張は、近代民主主義国家の一般的な自衛権にもとづく自衛戦争の権利一般を意味するものとはならず、その自衛権の主張はアメリカ帝国主義の主権の下、そのアメリカとの集団的自衛権の展開にそのままストレートに移行し、そのような実質的な意味と位置づけをあたえられる以外にないものとなるのである。

二〇〇五年一〇月におこなわれた日米の2＋2協議では日米の軍事一体化をたとえば機動運用部隊や専門部隊を一元的に運用する陸上自衛隊中央即応集団司令部の米軍キャンプ座間への設置などがあげられ、名実ともに日米安保軍として展開する軍制改革がすすめられているのである。これが米軍のトランスフォーメーション（米軍再編）においてめざされていることだ。

さらに新しい米軍基地の建設が沖縄県の辺野古で計画され、岩国市の米海兵隊基地では新滑走路建設での海岸のうめ立て工事がすすめられている。

このような日米安保軍は、現在的には「周辺事態法」と「有事立法」として展開される。つまり「周辺事態」の「周辺」とは政府解釈によれば地理的には限定されず、日本の防衛上脅威になるすべての事態のことである。そして有事立法がいう「武力攻撃事態」はこの法の審議の際、「状況によっては武力攻撃事態が周辺事態にあたることもある」と小泉首相がいった位置づけを既に確保している（二〇〇二年五月二六日）。イラク戦争における自衛隊の出兵、航空自衛隊Ｃ―１３０による米軍の兵員・武器弾薬の輸送など、実質的に攻守同盟が展開されている状況からわかることだが、こうした日米安保体制においてなされる「有事」の認定とは日本の首相以外にも、アメリカ大統領が日本に対して「有事」を宣告するということになるシステムとなっているのである。

まさに今日の日本国家は「日米運命共同体」として国家共同体イデオロギーが宣揚されるという構成、制度的機制のもとにあるといわねばならない。そしてかかる体制における「有事徴用」、「武力攻撃事態」での「国民の協力」は実質的には、この運命共同体への服従としておこなわれる。国民動員の具体的な内容を決定するのは、アメリカ大統領、アメリカ軍にほかならない。なぜなら有事法制の柱は日米安保軍であり、その実質的な最高指揮は自衛隊ではなく米軍に存在するのだからである。

こういう国家主権すら確立せずアメリカ帝国主義にそのイニシアティブが握られている状態では如何なる意味においても「人民主権」を成立させることなどはできない。安保条約の廃棄が必要だが、この安保条約の廃棄は現在の政治体制のみならず国家権力のあり方を大きく変革する以外、ありえないと考える以外ないのである。

だが日本という国家共同体は、自衛隊法の有事関連改正条項などで国民への罰則付きの有事徴用を定義し、国民保護法制においては住民の「避難」と明記された隔離と管理、「協力」と称する「武力攻撃災害」への「防災」などの活動への動員をおこなうことが示唆され、戦時下における反戦運動への弾圧・抹殺をおこなえる体制を整備しようとしている。その場合、われわれがイデオロギー的に抑えておくべきことは、先の久保の論説にもあったように〈国民の自己保存を約束してきたのは法律であり、国家だ。だから国家の命令に従え。従わない者は今まで自己保存を保障してきた共同社会に背くものである〉という倫理が強制されてくるということなのだ。その倫理(ジットリヒカイト主義)の近代日本における思想史的展開を見ていくことにしよう。

●戦前修身教科書と大日本帝国のジットリヒカイト

戦前の尋常小学校の修身教科書(宮坂宥洪監修『「修身」全資料集成』四季社。本論の修身教科書の引用は全てここから)には「国法を重んぜよ」というのがある。ソクラテスは「国を愛する心が強く三度も戦争に出て、国のために勇ましく闘いました」。ソクラテスは青年に大変人気があったが、彼をよく思わない人は「ギリシャの青年を惑わす者である」(正確には青年を堕落させることと、国家の認めた神々以外の新奇な神霊をもちこんでいる——引用者)といって彼を訴え、陪審は死刑を言い渡した。これにたいして弟子のクリトンは無実だからお逃げなさいと進言したけれども、ソクラテスはクリトンにいった。「自分の命がをしいからと言って、一たん国法の命じたことにそむくやうなことがどうしてできよう。

国民たる者がそんな不正なことをするようでは、国は立って行くものではない。私も、私の父母や祖先も、皆国恩を受けて一人前の人間になった。国あっての私たちです。国法の命ずることなら、どんなことでもそれに従うべきである」(二八六頁)と書かれている。

まさにこれが社会実在論であり、国家有機体説にほかならない。共同体に奉仕するための自己犠牲の精神だ。だがここでのポイントは、単に自己犠牲が美徳だというのではない。「国家の命令」への「絶対服従」という文脈が核心をなす。そういうことを戦前は小学校で教えたのである。ヘーゲルはこの考え方をジットリヒカイト(倫理)といった。個人の道徳的行為ではなくそれよりも上位に共同体の倫理、規範というものがある。それは神の法則・意志だというのだ。京都学派の高山岩男は次のように説明している。

ヘーゲルにとって「自由の主体は直接的な個人精神ではなく、その絶対否定的媒介を含む共同精神である」。「制度組織の善悪の前に制度組織はそれ自体深き自由の実現たる人倫である。ここがカント、フィヒテの道徳的な理想主義と異なってヘーゲルの客観的精神を貫く独自の心情」(『ヘーゲル』弘文堂、二三八頁)である。この「客観的精神」というのは個人に対して社会的・倫理的主体のことである。「国家は客観的精神」であり「そしてこの人倫最高の義務の内容をなすものが愛国心すなわち政治的徳に外ならぬ」(同、二六二頁)という。そしてソクラテスが国家なしでは生きられないといったようにヘーゲルも「国家は人倫的有機体」(同)だというのだ。まさにヘーゲルの「自由とはかかる人倫(ジットリヒカイト)の本体をなすものに外ならぬ」(同、二三九頁)のであった。先の修身の「国法を重んぜよ」を哲学としてむずかしくいったものがヘーゲルの「人倫」の哲学にほかならないのである。

●天皇制と想像の共同体＝「公定ナショナリズム」

こうして社会実在論・国家有機体説を教えた修身では、日本国家の「国柄」＝「国体」について教えている。国民はなぜ国の命令を聞かねばならないか。その服従の根拠は国家の使命の正当性にある。

「我が国」というところでは「大日本帝国は天照大神の御子孫がお治めになり、皇位が大地と共に窮りなくお栄えになることは、この神勅（天壌無窮の神勅――引用者）にお示しになった通り」です。「臣民は先祖以来、天皇を親のようにしたひ奉り、心をあわせて、忠君愛国の道につくしました」。「皇室と臣民とが一体になっている国はありません」（前掲『「修身」全資料集成』一八四頁）。

その国はどのようなことを誇りにしているのか。「我が国は皇室の御祖先がおはじめになった国であり……世界でもっとも古い国であって、一度も外国に国威を傷つけられたことがなく」ますます栄えていくのは「皇室のご威光」であるとのべている（同、二八五頁）。そして日露戦争での勝利は兵隊も戦争に出ない国民も「みな一致して忠君愛国の誠をつくしました」。だから勝ったのだ。「支那事変」でも忠誠の美談は「あげつくせない」と。

このような愛国と王権への帰一が組織されること、「国民と王朝帝国の意図的合同」をベネディクト・アンダーソンは「公定ナショナリズム」と呼んだ（『増補・想像の共同体』白石さや他訳、NTT出版、一四八頁）。そういう建国の物語だ。アンダーソンはそこで日本を公定ナショナリズムの例としてあげているのだ。

「藩閥政府の主たるモデルとなったのは、みずから国民へと帰化しつつあったヨーロッパの王朝だった。……日本もまた天皇を皇帝とし、海外へと雄飛せねばならぬと主張することはきわめて説得的であった」。「日本は世紀末までに独立の軍事強国になることができた」（同、一六一頁）。

日露戦争（一九〇五年）から、台湾（一八九五年）―朝鮮（一九一〇年）併合、「これらはすべて、学校と出版を通して意識的に広く宣伝され、保守的な藩閥政府が、当時の日本人がみずからを日本国民と想像するようになったまさにその国民の正統な代表であるとの一般的印象を創出するのに大きく貢献した」（同、一六〇頁）とのべている。

アンダーソンは「国民とは、イメージとして心に描かれた想像の政治共同体である。そしてそれは、本来的に限定され、かつ主権的なもの（最高の意思決定主体）として創造される」（同、二四頁）。「ナショナリズムはもともと存在していないところに国民を発明することだ」（同）と。「一つの共同体として想像される」（同、二六頁）国民は「主権国家」によって生み出され保証されるのである。

●「想像の共同体」の核心としての国家神道

日本は学校で修身などを教え、アンダーソンのいうような国民の歴史を民衆に共有させようとしていった。明治維新は有力諸藩が割拠する日本列島の「各国〈民〉」を如何に「日本国〈民〉」へと統一するかという課題を背負っていたのである。天皇は「倒幕諸藩の連合の象徴」となる「宗教的権威をもっていた」（大江志乃夫『靖国神社』岩波新書、六三頁）。ところが大方の民衆は「天子」の存在を知らなかったのである。だが伊勢神宮に対しては強い信仰をもっていた。権力者たちは「告諭」で「天子」を「伊勢の大神の子孫である」と説明した。さらに新政府は諸藩の軍事力を統合し、国民を統合しなければならなかった。そこで軍人勅諭において天皇を統帥権の保持者＝大元帥とし、教育勅語（皇祖皇宗が国を始めるにあたってのべた共同体の規範を示したもの）によって国教的な権威を確立したのである。

こうして「主権」の実質をなす国軍と、国民共同体としての共通の歴史が天皇制の「肇国」（国始め）の物語＝神話によって成立したのである。この過程で「国家神道」が成立した。「天皇自身が『惟神（かんながら――引用者）』の道の創唱者であり、皇祖神を最高の絶対神とし、その皇祖神の唯一の祭祀者であることによってみずからもまた現人神であるものが国家神道である」（同、七八頁）。まさに天皇制イデオロギーそのものにほかならない。まさに天皇制は日本国家を近代統一国民国家として建設せんとした権力者によって組み立てられた想像の共同体にほかならなかった。

そして今日、この想像の理念をひきつぐものが宮中祭祀と靖国神社である。靖国神社は陸・海軍の管轄する軍事施設として建てられた。共同体の宗教的権威と主権観念が統一された施設ということだ。靖国神社は日露戦争以降、国民統合の核になっていくのである。日露戦争では八万八〇〇〇名にのぼる戦死者がでた。こうして戦争戦死者への慰霊と顕彰の行事がおこなわれてきたのである。

修身教科書は言っている。「靖国神社には、国のためにつくして死んだ、たくさんの忠義な人々がおまつりしてあります。……国のためにつくして死んだ人々をかうして神社にまつり、又ていねいなお祭りをするのは、天皇陛下のおぼしめしによるのでございます。私たちは、陛下の御めぐみの深いことを思い、ここにまつってある人々にならって、君のため国のためにつくさなければなりません」(『「修身」全資料集成』二六一頁)。〈忠義の戦死者は天皇陛下が祭ってくださる〉。ここに君民一体ということが国民動員の核心になっていることがわかる。こうして日本の想像の共同体は国家有機体説にもとづき、国民の生死を所有した国家権力の命令に従うことを規範とする軍国主義国家として形成されたのである。

だがここで問題なのは、いや、だからこそ問題なのは、今日の靖国問題とは、この神社に「A級戦争犯罪者」が合祀されているという問題にかぎったことではないということだ。靖国神社そのものが問題なのであり、また同時に、国家追悼施設がなぜなければならないかということが問われているのである。なぜなら、これまで見てきたように、「靖国神社」が軍国主義国家をつくったのではなく、軍国主義国家の施設として作られたのである。それを靖国・国家神道が軍国主義国家を作ったかのようなスタンスで批判するのは靖国神社の物象化である。靖国問題は個別靖国問題であり国家追悼施設一般とは別問題という考え方はそもそも成立しないのだ。

高橋哲哉『靖国問題』(ちくま新書)は沖縄にある沖縄戦のすべての戦死者を記録している「『平和の礎《いしじ》』でさえ、『靖国化』の可能性と無縁ではありえないのだ」。「決定的なことは施設そのものではなく施設を利用する政治である」(二二五～二二六頁)と警告を発している。アジアに対して戦後補償はやらない、憲法の不戦規定(社会契約)を破ってアメリカと軍事同盟を結びアフガン―イラク戦争へと出兵したこの日本国家の作るどのような施設もまた、靖国にほかならないのである。そしてその国家と国民統合の象徴として憲法は天皇を明記しているのだ。

エティエンヌ・バリバールは言っている。「神学的な言説が国民の理想化や国家の神聖化にモデルを提供してきた」。それらは「諸個人のあいだに犠牲的な結束を作りだし、法的規則に『真理』や『規範』の印を付与することができる」。「すべての共同体は、つねに『選ばれた民族』として表象されてきたにちがいないのである」（『人種・国民・階級』「第五章　国民形態」若森章孝ほか訳、大村書店、一四三頁）と。

●オリエンタリズムの言説（ディスクール）と日本の同化主義

バリバールが「選ばれた民族」の言説といっていることは、自民族中心主義（エスノセントリズム）の考え方が民族の物語には組織されがちだということだろう。この場合エスノセントリズムにおける他者との関係はどのようにとられてきたのだろうか。その方法論的な解明としてエドワード・サイードによるオリエンタリズムの問題提起があったのである。

サイードはオリエント（東洋）に対する西洋人の言説（ディスクール）として、オリエントの「他律性」をあげる。自分で自分を代表し統治できないことを他律性というのだ。だから、ヨーロッパによる植民地支配を合理化することになる。そこで表象される「オリエント」なるものとは、西洋的価値観から構成されたものでしかなく、現実の他者としての東洋、もろもろの顔をもった東洋のことではない。それは西洋人がオリエントと「関係する仕方」であり「ヨーロッパの実体的な文明・文化の一構成部分をなすものであり」「文化的にもイデオロギー的にもひとつの様態をもった言説《ディスクール》として、しかも諸制度、語彙、学識、形象、信条、さらには植民地官僚制と植民地的様式とに支えられたものとして表現」（『オリエンタリズム』今沢紀子訳、平凡社ライブラリー、(上)一八〜一九頁）されると定義される。「実在する事物のことごとくを排除し駆逐し、邪魔ものあつかいにすることによってこそ、読者に対して一つの現前となるものである」（同、六〇頁）。つまり西洋人の東洋〈なるもの〉に対する主体的分節にもとづいてつくられた共同主観性なのである。エスノセントリズムにもとづく排外主義的な言説である。

こういうオリエンタリズムは、実は日本でも「大東亜共栄圏」として、アジア諸民族という他者に、日本の勝手なアジア像をおしつけ、同化しようとした経験によって知られるところだ。〈アジア諸民族は西洋に対してそれだけでは自律できない、他律的な存在だ、アジアが西洋帝国主義から自律するためには日本の指導が必要なのだ〉という言説、そこにおける帝国主義の正当化が展開されたのだからである。

●三木清「東亜協同体論」と国体論

この日本的オリエンタリズムの規範を理論的に体系化したものが文部省編纂の『国体の本義』だった（引用は土方和雄『「日本文化論」と天皇制イデオロギー』巻末〈資料〉、新日本出版社、より）。

「西洋文化の摂取醇化にあたっては、先ず西洋の文物・思想の本質を究明することを必要とする」。「如何にして近代西洋思想が民主主義・社会主義・共産主義・無政府主義等を生んだかを考察するに……そこにはすべての思想の基礎となっている歴史的背景があり、しかもその根柢には個人主義的人生観がある」。そこで「個人を中心とする」考えが「自由主義・民主主義」を発生させたが、それは「必然的に具体的・歴史的な国家生活は抽象的論理の影に見失われ」た。経済的には「利己主義」に陥り、この傾向は貧富の問題から「階級的対立闘争の思想を生ぜしめる原因となった」。「市民的個人主義に対する階級的個人主義（社会主義・共産主義）」や「国家主義・民族主義たる最近の所謂ファッショ・ナチス等の思想・運動は個人主義の是正のための運動である」。けれども「我が国において個人主義」の「是正」は西洋の社会主義や全体主義を「そのまま輸入して、その思想・企画を模倣せんとしたり、或いは機械的に西洋文明を排除することを以ってしては不可能である」。それは「国体を基として西洋文化を摂取醇化」すべきなのである。また「国体明徴の声は極めて高いのであるが、それは必ず西洋の思想・文化の醇化を契機としてなさるべきであって」これなくしては国体明徴は現実と乖離する抽象的なものとなりやすいとのべているのである。

つまり日本は近代化しなければならないが、天皇を原理としていなければならない、そこで『国体の本義』では、そのことが踏まえられるべきだと書かれているのだ。まさにこのような角度から西洋思想を批判的媒介にして、近代日本国家の理念として天皇制イデオロギーを宣揚したものに、近衛文麿の昭和研究会パンフレットとして京都学派の三木清が書いた「新日本の思想原理」（正・続）がある。

これを三木は協同主義といった。

「新しき思想原理は、すでに破綻の徴歴然たる近代主義を一層高い立場から超克し、自由主義、マルクス主義、全体主義等の体系に優るものでなければならぬ」（『三木清全集』第一七巻、岩波書店、五三五頁）。そこで三木がとなえる「協同主義は個人主義と全体主義とを止揚して一層高い立場に立つ」

ものであった。「協同主義においては社会は個人に対し……個人は社会から作られるものであり、作られたものでありながら独立であって逆に社会を作ってゆくものである」（同、五八一頁）。反対に「全体主義的統制が上からの官僚主義的統制に陥りやすいのに対して、協同主義の強調するのは自主的な協同である」。いずれにせよ、「協同主義は抽象的なデモクラシーではなく……指導者に重要な意義を認める」。「東亜の新秩序はかくのごとき形として構想される」。「東亜の新秩序は日本のイニシアティブによって建設される」、この「指導者の理念」とは何か。「東亜の新秩序は日本のイニシアティブによって建設される」（同、五八二頁）と展開する。日本は「その国体の根源をなす一君万民、万民輔賛の思想によって古来協同主義を実現してきた」（同、五八八頁）のだと。この精神を発展させることだといっているのである。つまり他律的アジアに対する自律的な天皇制によるアジアの興隆というオリエンタリズムを論理内実としているのである。

まさに『国体の本義』や修身教科書と同じパラダイムだ。こうして三木たち京都学派の「近代の超克」は天皇制国家にからめとられ、日本的近代＝帝国主義のイデオロギーとなってしまったのである。そこにおける個人主義と全体主義の二項対立図式ののりこえという、廣松や本論が追求している問題意識を、だが結局、「志向性の表明」にとどめているのである（廣松『〈近代の超克〉論』講談社学術文庫、一四七頁）。そしてその「解決」を天皇制に求めているということだ。また三木の問題意識は〈現に開始されている戦争を如何に志向変容してゆくか〉、つまりアジア侵略戦争を解放戦争の方向に転じていくかにあったことから、天皇制の合理的・近代的なシステムに適合する形での再解釈をやろうとしたということでもあっただろう。三木はいっている。治安維持法を通じて反体制運動が壊滅的な打撃をうけた後の一九三八年（昭和研究会に入会した年）、「日支事変は……それがどのように起こったにせよ、現に起こっている出来事の中に『歴史の理性』を探ることに努めなければならぬ」（「現代日本における世界史の意義」『改造』一九三八年六月号）。新たな意味を付与することに賭けたのだ。それは今で言えば、天皇制国家の脱構築ということだろう。だが、それは天皇制国家への統合にほかならなかったのである。三木が渡欧したとき師事したハイデガーは〈自らが帰属する民族・共同体の運命の呼び声に自己投機すること〉を「先駆的決意性」と考えていた。三木もまた、日本という国家共同体の運命の呼び声に対してそのような立場を選択したのだということだ。

ではなぜアジアの盟主として天皇を中心においた東亜協同体論が登場したのか。それは中国ナショナリズムとの関係である。蠟山政道はのべている。

「東亜共同体の論理が提唱せらるるに至った根本動機は、支那における『民族的統一』又は『民族主義運動』の存在が如何なる意味においても、軽視し無視しえぬという認識に発足している。これはすべての東亜共同体論者の一致しているところであると言ってよい」。「反日抗日の民族主義的潮流を是正し得るやの問題こそが、この東亜共同体論の発生的基調であるといってよい」（「東亜共同体の理論的構造」『アジア問題講座』第一巻一九三九年所収）。天野恵一は蠟山のこの議論を引きつつ「東亜共同体論を展開した人々に共通している姿勢は中国ナショナリズムへの反感ないし否定である」（『危機のイデオローグ――清水幾太郎批判』批評社、一四三頁）とのべる。

まさに中国の反帝反日民族主義は、天皇制日本がかかげる「欧米帝国主義一掃」というスローガンのペテン性・欺瞞性を映し出す鏡にほかならなかった。これに対し日本がアジアの指導国だということを言い切っていくためには「東亜共同体」という論理（侵略を隠蔽する幻想の装置）が必要であったということだろう。

そしてそこでは「支那はこの新体制（東亜共同体のこと――引用者）に入るためにまた単なる民族主義を超えることを要求されているのである」（「新日本の思想原理」前掲『三木清全集』第一七巻、五一八頁）ということがいわれている。中国の民族主義に対し日本を一段高いところにおき、その「指導者」としての立場から中国の民族主義に対してアドバイスするという位置設定がおこなわれているのである。まさに天皇の体制としての東亜共同体はこのように構成されたのである。そしてこの東亜協同体論に戦略論的位置づけを与えたものとなったのが、高山岩男の『世界史の哲学』にほかならない。

（三木哲学についての大まかなライティングについては、拙著では『前衛の蹉跌』「第7章『近代の超克』と反体制思想――三木清「東亜協同体論」の陥穽」、実践社、を参照してほしい）

●高山岩男の「世界史の哲学」と東亜協同体の位置づけ

三木清とともに京都学派の一角をなした高山岩男は『世界史の哲学』（岩波書店、一九四二年刊）でつぎのように述べている。「形式的な正義感、歴史を停止せしめんとする如き非歴史的な正義の理念、これに対する道義的精力の健康な発現が戦争といはれるものに外ならない」（三六三頁）と。「形式的正義を主張する国際道徳は個人的心情の道徳と一つであり、実質的正義を主張する道徳は歴史的世界の道義と一つである」（同）と。ここで高山が「形式的道徳」と批判している考え方はカントがめざした〈世界公民的法秩序〉のことである。「形式的な正義が却って実質的な不正義に外ならぬこととなる。このことはかつてヘーゲルがカントの moralitat（道徳――引用者）およびその世界観を内在的に批判したところから推して知りうるであろう」（同、三六二頁）。「歴史的世界を離れて正義というものはない。世界史が唯一の世界法廷である」（同、三六三頁）というのだ。高山は抽象的な論議をなそうとしていっているのではなく、国際連盟はカント主義的な破産をとげた、世界史を動かすのはこの日本なのだといいたいがためである。

その論理とはこうだ。

「ヨーロッパ世界の構成原理となったいはゆる自由主義は……一方において自由競争は必然的に弱肉強食による不平等の権力的事実をもたらしてくる。しかも他方において自由意志にたつ人格主義的な形式道徳の理念が通用するものとせられる」。こうした内容のない理想と自由競争的な権力の横行において「世界の恒久平和をもたらすべき実質的な道義的力を有し得なかった」（同、四三四頁）と定義しているのである。国際連盟は「ヨーロッパの世界支配という権力的事実を内容としており、狭くは戦勝国の戦敗国に対する事実的支配を維持する機関であった」（同、四三五頁）にすぎないのだ、と。

カントは例えば『永久平和のために』で「商業精神は戦争とは両立できないが、遅かれ早かれあらゆる民族を支配するようになるのは、この商業精神である」（前掲、七〇～七一頁）といっている。国家間の商業交通が戦争を不利益なものと考えさせるようになるというのである。国際連盟はまさにこの自由主義の政治的表現であるということだ。国際連盟は第一次大戦後、成立したが、アメリカは不参加、ソ連は除名され、一九三三年日本は脱退した。ドイツ・イタリアがこれにつづき有名無実になっていたのである。

高山は第一次大戦後の現代世界は英米が指導者としてアングロ・サクソン的秩序に維持しつつこれをもって日本に対抗してきた歴史だったと分析する。日露戦役で日本は「アジア諸民族の代表者として、ヨーロッパに内在化せられようとするアジアの超越性を示した」（前掲『世界史の哲学』四三一頁）が、この日本に対し、例えば英米は「満州国」の建国に圧迫をくわえたと高山はのべる。

国際連盟は「満州国」は日本の傀儡国家であるとし「満州国承認」を日本に撤回させ、日本軍の中国東北部からの撤兵などを決議した。これに対し日本は国際連盟を脱退することになったのだ。高山は「それ（脱退――引用者）は東亜のヨーロッパ的秩序、否、アングロ・サクソン的秩序に対する否認の宣言であり、ひいては世界のヨーロッパ的秩序に対する否認の宣言である」（同、四三九頁）とのべている。

「近代ヨーロッパにおける外交原則」は「バランスオブパワー（勢力均衡）」であるが、それは「なんらの道義性ももたぬ妥協」（同、三五六頁）でしかない。「国際法」も「道義性」がなければだめなのである（同、三六一頁）というのだ。そこで国家に対する価値評価、正義性は世界史の審判ということになる。「世界史が世界審判であるというのは……国家自体の歴史的運命に現れた自己審判でなければならぬ」（同）と規定される。「世界史の中に働く生きた道義」（同、三六三頁）をその国家が体現しているか否かである。国家を動かすのはこの「道義的生命力」（モラリッシュ・エネルギー。ドイツの近代歴史学者ランケの用語）である。こうして高山は国際連盟から脱退しドイツ・イタリアと三国同盟をむすんだ日本の立場を擁護するのである。「近代的旧秩序を維持しようとする国家群に対し、それを打破しようとする国家群」（同、四四四頁）という図式だ。日本はその指導国だというのだ。

この道義的生命力の規定だが、「国家は戦争に際して国民の生命の犠牲を要求し、しかもこの犠牲をもって国民最高の義務とする」（同、三五九頁）。高山は修身教科書とおなじことをむずかしくいっているだけなのだ。「このようなことはひとり国家にのみ認められることであって、他の社会に認められることではなく、国家にとってはその存在そのものが人倫の実現の意義を有している」。国家は単に権力的なものではなく、それは道義性に根拠をもっているのだというわけだ。この道義性が近代世界の超克であった。

（ただし高山はヘーゲルに批判もくわえている。「ヘーゲルの世界史には神の宇宙計画のごとき形而上的必然が支配して抜き差しのならぬものとなり、現在における主体の創造的建設はやはり容れ難かった」（同、四八一頁）と。ヘーゲルの歴史哲学を実体的に教義として肯定するなら、ヘーゲルの「歴史哲学」においてはアジア（東洋）的（の）国家が世界史的国家として使命を担うのはもうすでに古代の時代に終わっているからである。また、神（国家にとっては客体）の理性の狡知で世界史を動かす使命をあたえられた国家が移り変わっていくというのなら、国家の世界史に対する主体的側面が客観主義的に否定されてしまうとの批判である。

ここには復古調の天皇主義者たちからなぜ、近代ヨーロッパの「世界史」という概念を使うのか、ヘーゲルの世界史的国家の論理では「天壌無窮」ということにはならないだろうという批判に対応するスタンスが示されているといえる。日本浪曼派の保田與重郎などはこの「世界史」という概念を嫌っていたという。）

ここで高山は近代世界を超克する大東亜共栄圏というものを次のように概念規定した（同、四四五〜四五九頁）のであった。

「近代機械文明の発達は国家存立に必須な軍事的経済的資源において、国家をして従来の国土の制限外に越え出ることを要求」する。「国家は従来の観念における国境線を超越していはゆる生命線を要求し……同時に国境線とする」。「このような現象は従来の国家には見られず……自由主義の原理にたつ単なる資本主義経済の立場からも理解しきれず、また政治権力の拡張や領土の拡張という意味における帝国主義の観念からも理解しきれないものである」。「帝国とは意義と構造の違ったものとして」かかる「共栄圏とか広域圏」が歴史的に要求され、道義性が要求されているということになるのである。こうしてアジア侵略戦争をつうじた大東亜共栄圏の形成を従来の常識では「理解できない」新しい世界史的概念に位置するものと正当化したのである。

（京都学派の三座談会をまとめた『世界史的立場と日本』がこのころ中央公論社から出版されている。総力戦の哲学などについての考えがよくまとまっている。（これについては拙著では『前衛の蹉跌』（実践社）一八二頁以降を参照してほしい）。

●ハイデガー民族共同体論と分業分掌行為に関する言説

ここで天皇制の内部的構成をもう少し見ておこう。

一九二七年、ドイツの現象学哲学者ハイデガーは、『存在と時間』を刊行し、そこで、「歴史性の根本機構」という一節を書いた。人間は所与の条件に投げ出されて存在するけれども、「しかしそうは言ってもそれは世界内存在としてなのである」と。つまり「なんらかの『世界』へと差し向けられており、また現事実的に他者とともに実存している」（原佑編『世界の名著62　ハイデガー』中央公論社、五九一頁）。ハイデガーは諸個人が他者と共同する場を「民族共同体」とするのだ。

「宿命的な現存在は、世界内存在として本質上、他者と共なる共存在において実存するかぎり、そうした現存在の生起は、共生起であって、運命として規定されている。この運命でもってわれわれが表示するのは、共同体の、民族の生起なのである」。ここでポイントなのは、共同体は諸個人よりも〈より以上のもの〉としての「相互共存在」的なものとされていることだ。「運命が個々の宿命から合成されないのは、相互共存在が、幾人かの主体がいっしょになって出来したものだと解されないのと、同様である」。「同一の世界の内での相互共存在において、さまざまの宿命はもともとすでに導かれていたのである」（同、五九三頁）と。

こうして、民族共同体への自己投機は共同体的宿命であるといわれる。

ナチスに傾倒していたハイデガーは一九三三年五月、ドイツ・フライブルグ大学の総長就任（一年後辞職）にあたっての演説「ドイツ大学の自己主張」（フッサールほか『30年代の危機と哲学』清水多吉ほか訳、平凡社ライブラリー）で次のように言っている。

「民族の世界精神とは一文化の上部層でもなければ、まして有用なる知識や価値を生み出す工廠でもない。それは、民族の血と大地に根ざすエネルギーをば最深部において保守する威力、すなわち民族の現存をば、最奥かつ広汎に昂揚せしめ、ゆりうごかす威力なのだ。ただに、このような精神世界のみが、民族の偉大さを保証する」。そこで、「ドイツの学生の務めと奉仕」をハイデガーは提起する。「第一の務めは、民族共同体への献身である」。その方法は「勤労奉仕」だ。第二には「国防奉仕」。第三には「知的奉仕」。政治家、教師、医師、裁判官、牧師、建築家は「民族＝国家の現存を統率し、人間存在のもつ世界形成の諸権力をきびしく見守るもの」だという。

こうしてハイデガーは「先駆的決意性」として民族共同体への宿命的帰属を論じるのである。人々が社会的におこなう、すべての分業的分掌行為が民族共同体を形成するものとして観念され、とりわけ、先の職業が「民族がそのまったき現存にいたるための至高かつ本質的知を成就し、つかさどるものこそこれらの職務である」（以上、同、一一一～一一五頁）として権威化するのだ。

ハイデガーにあっては、民族共同体精神は〈民族〉として表現され、学生の「勤労奉仕」や「知的奉仕」がその民族共同体を動かす行為そのものだった。戦前日本では〈天皇〉を中心とした分業分掌行為というものとして表現された。天皇制も国民の労働が民族を形成する力であることを国民に教えようとしているのだ。

『国体の本義』では「我が国においては、政治上・経済上の制度の変遷にもかかわらず、いつの時代にも常にこの心が現れている。（氏族が基本をなす社会では）……氏、部としての分業分掌があり、職業によって、あらゆる人と物とが相倚り相扶けて、天皇を中心として国家をなした」といわれている。「職業の分掌はやがて家業尊重の精神を生んでおり……つとめの尊重は……生産・創造・発展のむすびの心であって、我が国産業の根本精神である」と。こういう労働者をはじめおよそ経済活動において報酬をえて生活する人々の職業的分業分掌行為が、民族共同体の建設という実体化された意味をもたされ、日々の労働が「国家共同体の建設」として目的化されるのである。これが二四時間のイデオロギー的統合の方法にほかならないのである。京都学派の天皇制擁護論もこういう役割役柄分掌関係に浸透した「生活が愛国」というイデオロギー的訓育を基盤にしてはじめて、インテリ層に影響力をもったというべきなのである。

●戦後憲法―教育基本法の「国民主義」的陥穽

そこで戦後のはなしに入ろう。戦後、「平和と民主主義」が形成され戦前の「公益優先」思想は「平和な国民主義」にパラダイム・チェンジしたのである。「お上の言うことを聞いていれば大変なことになる」という戦争被害者意識を土台にして、「民族―国民平和主義」が形成された。「民族―国民平和主義」とは日本人のアジア侵略の責任に無自覚で、ただただ「軍部の暴走」に戦争責任を一面化し、象徴というかたちで、侵略戦争の最大責任者である天皇（制）の継続を肯定、またはそのことに無関心な社会的意識現象を定義した概念である。これは戦後、一九六〇年代よりすでにはじまった日本帝国主義の復活、七〇年代から本格化した韓国―アジアへの経済侵略に無批判な国民のありようこそ、反体制運動が変革しようとして変革できていないものであり、これについての国際主義的な省察がぜひとも必要であるという問題意識にもとづくものである。日本人が「帝国主義抑圧民族」としてアジア民衆にたいしてあったことの自己省察は「国民的」な共同主観性を獲得してきたとはとてもいえないのである。

だから「民族―国民平和主義」とは「国民主義」と同義だ。そしてこの概念と「戦後民主主義」はくっついているのである。その規範が戦後天皇制憲法であり、教育基本法だった。

教育基本法は、戦前のファシズム教育を全面的に否定し民主主義教育へと大きく内容を変革した点では評価できる。この改悪は絶対に許してはならない。有事立法（その条文からもわかるように、日米安保軍の戦時法規にすぎない）を有し、日米安保軍として世界にでていこうとしている政党の提案する同法の「改正」案――愛国心教育の明記は日米安保軍を前提し、これに従順な人間を形成しようと企図するものである。この立場を踏まえて現行教育基本法の問題点を指摘する。

この場合、もう一つ確認しておくことが必要だ。戦後教育基本法は「個人主義」だという批判がある。戦前の裏返しだと。また、「個人の尊重」は教えても社会的公共性はおしえなかったので、教育現場が崩壊し校内暴力が吹き荒れたなどという類の話である。これは間違いである。条文を読めばいい。

「第一条」「教育は人格の完成をめざし、平和な国及び社会の形成者として、真理と正義を愛し、個人の価値をたっとび、勤労と責任を重んじ、自主的精神に満ちた心身ともに健康な国民の育成を期しておこなわれなければならない」。つまり「個人の価値」は「平和な国と社会」によって守られるというのが価値構成である。個人と社会的国家との共軛《きょうやく》が原理とされているのである。そこが戦前日本の国家有機体主義と異なる点である。教育をアトミズム的なものにしたとすればこの法ではなく、この法を改釈・利用したアトミズムの社会的共同主観性の方である。むしろそこでこの法の「国民主義的」機制が問題となる。

もう一つ前提をいうなら民主主義社会においては、個人主義に対してファシズムが、国民主義から直接的にうまれるのではない。ドイツ・ワイマール共和国の崩壊を見てもわかるように、「国民主義」やアトミズムなどという社会契約的秩序が経済的危機の深化などさまざまの理由から崩壊したときに、国家有機体主義が社会の分裂を彌縫する危機の救済者として登場するのである。

本題に入ろう。高橋哲哉は『心と戦争』(晶文社)で次のように言っている。

教育基本法第三条「教育の機会均等」を説明したくだりだ。「すべて国民は、ひとしく、その能力に応ずる教育を受ける機会を与えられなければ成らないものであって、人種、信条、性別、社会的身分、経済的地位又は門地によって、教育上差別されない」が第三条だ。高橋哲哉は「第三条」の表現するものは教育の主体は戦前のような「行政権力の『不当な支配』から自由なもので『国民全体』のものでなければならない」といっているのだと論じた後、「ここではこの法律の『国民主義的』な側面がはっきり見えるという問題もありますね。……では、日本社会に住む『国民』以外の人たち、たとえば在日コリアンの人たち、その子供さんたちはどうなるのだ、という疑問が当然湧いてきます。この問いは当然問われるべき問いなのです」とのべている。

そして「『心のノート』が生徒を『日本の伝統の頼りになる後継者』と呼んでしまうのも、日本の教育が『国民主義的』であって、日本国民以外の子供たちのことが無視されているからだといえるのです」と。「これはこれから乗り越えていくべき課題」で「タブー視されるべきではない」と問題の重要性を指摘している(以上、同、七三〜七六頁)。

今、この教育基本法と同時に憲法を見てみよう。憲法は第一章で「天皇は日本国の象徴であり、日本国民統合の象徴であって、この地位は、主権の存する日本国民の総意に基づく」。つまり国民の総意で天皇は国家の象徴になっている、国民は自分たちの統合者として天皇を認めているということだ。「国民主権」はここでは実質的に国民と王権との「協約憲法」となっており、政府とならぶ国民国家の権力の少なくとも一つを天皇（王権）が分掌しているということになる。そして憲法第三章で「基本的人権」を規定した文言では「国民は、すべての基本的人権の享有を妨げられない。この憲法が国民に保障する基本的人権は、侵すことのできない永久の権利として、現在及び将来の国民に与えられる」という。つまり天皇を統合の象徴とする国民にのみ人権が保障されているということである。外国人はどうなるのだ。ここでも教育基本法と同じく国民主義が貫通しており、こういう規定を土台として排外主義が根拠をもってくるのである。たしかに最高裁判決にはたとえば「人として享有する人権は不法入国者であっても享有することができる」（一九五〇年一二月二八日）などがある。だが最高法規に「国民主義」が貫徹されているかぎり、〈社会を構成するすべての人々〉が基本的人権を認定されないかぎり、多民族の共生と同権の社会は作れない。

ここでさらに問題なのは、この天皇を象徴とする国家が「平和な国」であるという憲法的根拠が「憲法九条」（国際紛争解決手段としての武力行使の否定。交戦権否認。戦力不保持原則）にほかならないということなのである。つまり戦後一貫して憲法九条は「天皇」が「平和国家」の象徴であるということをもって天皇制の侵略戦争責任を隠蔽することを、少なくとも条文的に表明してきた、そういう意味付与をあたえられてしまっているのである。このような「憲法―教育基本法」の構成が存在するのだ。戦後民主主義憲法体系が「国民主義的」なのは天皇制―天皇を憲法的秩序としていることの必然的産物なのである。天皇制こそ日本民族主義の核心にほかならないのである。

●戦後の「神勅主権論」——天皇制民族原理主義国家・日本

その核心の根拠は「天皇が日本という国をつくった」という言説だ。これが日本における「公定ナショナリズム」、「想像の共同体」の原理の話になるのである。

神道では天皇は人民に対して祭祀王（プリーストキング）である。この特徴は天皇が「皇祖神」であるアマテラスオオミカミと一体であるとされるところに「近代の諸外国の君主制との決定的差異」（村上重良『天皇の祭祀』岩波新書、一五三頁）があるのだ。つまりこの規定において「現人神」なのである。祭祀王とは「自己が統治する社会集団を代表して宗教儀礼を主宰し、神に働きかける王である」。具体的には「天皇の宗教的権威はイネの祭り新嘗祭に淵源」している。「天皇の即位に際しては新嘗祭の大祭である大嘗祭が一代一度の祭典として挙行される」（同、一～四頁）のである。

憲法は「信教の自由」（二〇条）によって「国家及びその機関」の宗教的活動を禁止している。政教分離原則だ。だから戦後は天皇のおこなう神道儀式は天皇の「私事」という位置づけでおこなわれ、憲法に規定された象徴天皇の国事行為とは区別されてきた。天皇の「私事」は信教の自由で保障されているという解釈だ。

だが、昭和天皇ヒロヒトの死亡による代替わりの際、この区別は国家によって破壊された。国家葬＝大葬（一九八九年）においては神道儀式である「斂葬―葬場殿の儀」は現行「皇室典範」の規定する大喪の礼と一体のものとしておこなわれた。国事行為とされた即位礼（一九九〇年）自体、首相が天皇に臣従をちかう正殿の儀（高御座、三種の神器を用いた神道儀式）を中心とした。そして大嘗祭はこれと一体のものとしておこなわれたのだ。政府は大嘗祭を「公的性格」をもつ「皇室の行事」とし、国事行為とはいわないが「私事」であることは否定したのである。神道儀式はまさに政府の中央突破によって「私事」ではないとされるにいたったのである。だが、ここで確認する必要があるのは、この「私事」とされてきた儀礼の「内容」は完全に、天皇が国家の憲法的秩序として存在する以上は、「国事行為として」おこなう以外ないものなのである。ここに天皇の宗教的特殊性が存在するのだ。象徴という戦後憲法的規定の裏側に、実は戦前の神権天皇制が生きているという問題なのである。

戦前の「神勅主権論」(神権天皇制論)は、天皇は「天壌無窮の神勅により祭祀を通じて神＝皇祖皇宗(アマテラスオオミカミ)と一体となることによって現人神となり、現実の行政を支配するというものである。

このような天皇の規定の下に明治憲法は支配されていた。第一条では「万世一系の天皇の統治」を規定し、第三条では「神聖にして侵すべからず」とされ第四条では天皇元首(統治権の総攬者)と規定された。この「国体の変革」をめざす思想は治安維持法で訴追されるという仕組みだ。そして天皇「緊急勅令」「行政命令」「戒厳令」「非常大権」などの条文がつづいた。帝国憲法は「大権中心を主義」とする(美濃部達吉の論敵で神勅主権説の代表者・上杉慎吉『新稿憲法述義』有斐閣、一九二四年刊行、二二四頁)ということである。ちなみにファシスト運動で有名な天野辰夫も彼の門下生である。この上杉と美濃部の天皇機関説論争は一九一二年に展開された。星野次郎によって『最近憲法論』として翌一三年にまとめられ本になっている。

上杉は『述義』で次のようにいう。

「日本臣民は天皇の臣民である。天皇の統治権に服従し、よってもって一体である。……天皇に服従するによりて日本国家の哲理的意義を追進し、歴史的使命を完成す」。「統治権の命令するところは如何なる事もこれをなさなくてはならない。服従は日本臣民であることの本質であり、何等の約諾又は条件にもとづくものではない。服従は無制限にして、統治権の命令に対抗する余地は全くない」(同、一四六～一四八頁)。まさに天賦人権説の否定にほかならない。完全なジットリヒカイト主義なのである。

その根拠は何か。「天皇の統治権たるは、建国と共に定まり、天壌とともに永遠無窮なり」という「神勅」に基づくとしていたのである。

これに対して美濃部達吉はいう。『逐条憲法精義』(一九二七年刊)では、「国家のみが統治権の主体である。……君主主義においてもまた君主は国家の機関として統治の最高の源」であり「立憲君主政治は君主主義の骨格の中に民衆政治の精神をふくむもの」(有斐閣、一七～二〇頁)であり君主は「民の心をもって」統治するのだということである。

ここでのポイントは「国家」と「天皇」の位置づけが両者ではまるで逆である点である。

機関説は〈法人である国家が統治権の主体であり、天皇はその最高機関として元首〉。神勅論は〈日本では天皇が統治権の主体。そもそも国家の統治権は天皇の存在に淵源する〉ということだ。なぜか。機関説では〈国家が天皇(制)を作った〉のだが、神勅論では〈天皇が国家を作った〉という一八〇度逆転した対立構図になるからである。

こうした対立図式の中で、大正デモクラシーのころは憲法学界で主流だった機関説に対して一九三五年「国体明徴運動」がおこり美濃部は貴族院議員を辞職。機関説の排撃へと展開していくのである。

（なお戦後、憲法改正議会で、この統治権の規定をめぐり、金森徳次郎と宮沢俊義が「国体論争」を展開したが、この問題についてはここでは省略する。（拙稿としては「現人神天皇は戦前からかわらない」『理戦』六四号（実践社）所収を参照）。

まさにこの神勅主権論の「建国」の物語とは皇祖アマテラスオオミカミが神勅をニニギノミコトにさずけ、豊葦原の瑞穂の国に「降臨」させたことにある。この天尊降臨の際にアマテラスがさずけた神勅が「天壌無窮」の神勅なのだ。

「豊葦原《とよあしはら》の千五百秋《ちいほあき》の瑞穂《みずほ》の国はこれ我が子孫《うみのこ》の王《きみ》たるべき地《くに》なり。……あまつひつぎの隆《さか》えまさむこと、まさに天壌《あめつち》と窮《きわま》りなかるべし」である。

『国体の本義』ではこの神勅は「永遠を表すと同時に現在を表している。現御神《あきつみかみ》」である現在の天皇の「大御心には皇祖皇宗の御心が」見られると。「万世一系」「神聖不可侵」「統治権総攬」という規定はかかる天皇制イデオロギーを制度思想化することによるものであった。『国体の本義』はこの天皇が長となった皇室が宗家となった「一大家族国家」が日本国家であり、国民は天皇の「赤子」であるという家族国家観を宣揚していたのである。

こうした天皇制イデオロギーが戦後天皇の私事として戦後憲法の裏側に帯着している。だから戦後民主主義はこうした国家有機体主義的・ファシズム的ジットリヒカイト主義をむしろ、「信教の自由」（私事）として容認してきたのだ。形式民主主義はファシズムを一掃することができなかった。まさにこの日本の民主主義を実効あるものにするためにはこの日本という天皇制国家を廃止することを前提とするのである。民衆の多数多様性が〈構成的〉に直接民主主義を形成すること、それは日本社会を構成するすべての民衆の人間的自由の実現のための絶対条件である。

【注解】日本人多民族混合混血説と大アジア主義の分節

●日本人多民族―混血論と八紘一宇の意味的所識

小熊英二は戦前は日本＝多民族国家論が通用的真理としてあったと分析している。「総じていえば、地理教科書は、日本が多民族帝国であることをはっきりと打ちだしていた。歴史教科書では、考古学的な民族起源論はないものの、渡来人や蝦夷・熊襲などの記述はなされている。日本を純血の日本民族のみから成る単一民族国家と主張するような記述はいずれにもみられない」。そして「民族的に混合したとはいっても、天皇統治は支配・被支配関係ではなく、君臣が家族の情でむすばれているものだと主張していた」（『単一民族神話の起源』新曜社、一六三頁）のである。「日鮮同祖論」などである。

われわれも当時の思想家たちの原典を読んでみよう。たとえばファシストとして東京裁判でも訴追された大川周明は一九三九年、五〇万部を売り上げた『日本二千六百年史』で次のように言っている。

「我国は応神天皇以来、儒教並びに支那（以下ママ――引用者）文明を摂取するにあたりて、主として帰化朝鮮人の力を借りた。爾来、ほとんど三百年間、朝鮮人が我国における文化の指導者であったことは、吾らの看過してはならぬ事柄である。……次いで支那人もまた、三国以来乱離を極めし故国を去りて、我国に帰化するものが多くなった」。「これらの帰化人は、工芸技術の教師として、ことに秦漢帰化人は養蚕および機織の教師として我国の文化に貢献」（第一書房、六三～六四頁）したと。つまり、四世紀の応神天皇以来、三〇〇年、とりわけ飛鳥文化に代表される時期に大量に朝鮮から渡来したということだ。

小熊英二は、大川の他にも、石原莞爾（関東軍参謀本部歴任）や「満州国」建国に活躍した橘樸《たちばなしらき》、戦時期の西田幾多郎、国立民族研究所の所長にもなった社会学者の高田保馬も多民族混合・混血論の立場であったと報告している（前掲『単一民族神話の起源』三二六～三二七頁）。

高田保馬はどうか。『民族耐乏』（甲鳥書院、一九四二年）では次のように言う。

「東亜の諸民族の血はほとんどすべてわれらの大地に向かって流れ、それらにおいて相融合している……東亜のすべての血を集成し同時にそれらの文化を集成している意味においてわれら日本民族は東亜民族の中心に位する。それとともにすべての民族にきわめて親近なる関係にあるといいえる」。そして日本のアジア侵出を「人と文化とがかつての郷里に帰還することである。……民族の帰郷といいはれ得ぬものはない」（二四一～二四二頁）。それは「白人帝国主義の建物の中に日本帝国主義が入り込むことであるか」（同、二三八頁）と問い、「八紘一宇」はそういう帝国主義ではないという論陣を張っているのである。まさに大東亜共栄思想はこのように多民族国家論を日本的侵略主義・領土拡張主義を正当化する意味的所識でもって通用的真理としたのである。

全体主義はアジア民衆にたいする全体主義として展開していた。朝鮮に対する支配は創氏改名などの皇民化政策として展開された。共栄圏の下に露骨な同化政策がおこなわれたのである。

これに対して小熊英二が言っているように戦後は一転して、右翼も左翼も「単一民族論」に転換した。だから客観的に「単一か、混血か」ということで、右翼とか左翼とかに分節はできないのである。問題はそういう「事実とされているもの」をどのような意味的所識として認識するかという意味論になってくるのである。

●「新しい」歴史教科書と戦後歴史学の単一民族論

ここでケーススタディーをやろう。以下の文章はだれが書いたかイメージしてほしい。

（第一文）「縄文の文化が突然変化し、弥生の文化に切りかわったのではない。ちょうど明治時代の日本人が和服から洋服にだんだん変わったように、外から入ってきた人々の伝えた新しい技術や知識が、西日本から東日本へとしだいに伝わり、もともと日本列島に住んでいた人々の生活をかえていったのである」。

（第二文）「（縄文時代に）日本人の原型が成立した……朝鮮方面から……弥生式土器の文化がはいってきて、それがたちまち支配的になり、その際新しい人種も多少は渡来したが、その人種が縄文時代人を滅ぼし、あるいはこれと混血してその人種的特長を消滅させたのではなく、反対に、新渡来人種が縄文人種に吸収されたというのが人類学者の通説である」。

これは、現在、われわれが書店で買える戦後の二つの代表的な文献から引用したものだ。同じ単一民族説である。（第一文）は『新しい歴史教科書』（扶桑社）からの引用。（第二文）は戦後歴史学の代表者の一人であり、わたしなどの関わってきた反体制運動にも間接的な支援をしてくださったこともある井上清の岩波新書『日本史』（上、二二頁。一九六一年）からの引用である。このように戦後は広汎に単一民族論が広がったのである。

ちなみに（第一文）にある「外から入ってきた人々」の「人々」は教科書検定前は「少数の人々」になっていた。飛鳥時代の記述も渡来人が主導権をとり形成したということではなく、大陸からの文化をとりいれながら、日本独自の文化をつくったと説明されている。

これらの「通説」はいまやまったく過去のものとなっている。渡来弥生人の「ルートには、日本へ渡来してから後の『変容プロセス』の意味もある。遺伝子の証拠からみて本土日本人は混血によって生じたことは明らかで、縄文人がそのまま弥生人になったという考え方はもはや通用しない」（尾本恵市『日本人はるかな旅』①、ＮＨＫ出版、一一九頁）のである。

だが一九五〇年代の日本歴史学会などの戦後歴史学――戦後マルクス主義歴史学は、藤間生大をはじめとして単一民族論を採用したのである。ここには戦前から戦後への社会観、共同主観性の巨大な変容があったのだ。

小熊英二は次のように言っている。

「第二次大戦後に一般化した」単一民族神話は「日本は太古から単一の民族が住み、異民族抗争などのない、農業民の平和的な国家であった」、「天皇家は外来の征服者ではなく、この平和的民族の文化共同体の統合の象徴であった」などを特徴としている。帝国主義的な同化の論理とは対照的なこの論理は、「戦後の象徴天皇制や敗戦による国際関係への自信の喪失、そして戦争につかれ、『まきこまれるのはご免だ』という『一国平和主義』の真理と合致していた」のである（前掲『単一民族神話の起源』三六三〜三六四頁）と。

ここから日本国家は国家が弱体化したときは単一民族論で「身を守り」、強くなると「混合民族論で外部のものをとりこむ」という動きがある（同、三六四頁）。だから「国際化しさえすれば、純血意識を打破しさえすれば……天皇制や日本社会の欠点が解消できるなどという考えは、大日本帝国への誤解にもとづくものであり、たんにまちがいであるばかりでなく、危険である」（同、三九九頁）と展開する。

まさに象徴天皇制のもとで国民統合に乗り出した日本支配層、そして片や戦前帝国主義の轍を批判しつつ、アメリカへの日本の従属という事態に対して、「民族の主体性」をこの時期、確立せんとしていた日本共産党―戦後歴史学の反米民族主義にもとづく単一民族論という構図が成立していたのである。

ともかくこうして、国家共同体の物語は戦後の「平和と民主主義」へと突入していくのである。天皇制を国家権力に象徴としていただいたままに、である。

●朝鮮共和国・金錫亨「渡来混合説」による日本的排外主義への批判

これらの混合の時期は、二つポイントがあり、縄文人から弥生人にかわる時期と飛鳥渡来文化の時期である。こういう混血民族・多民族国家として日本列島の社会（近代日本国家と概念が被るような国家かどうかは別問題）が形成されたということ自体は、いまやまったく科学的に証明されている。

一九六三年、北朝鮮・共和国の代表的な歴史学者である金錫亨《キムソクホン》らは「ソ連アカデミー編『世界史』の朝鮮関係の叙述における重大な誤りについて」を発表した。「ミマナのミヤケ」は南朝鮮にあったのではなく日本にあった朝鮮系の小国におかれたものであるという見解を発表したのだ。当時ショッキングな話として受け止められたといわれている。この見解の土台をなすものこそ、金錫亨の混合民族説である。ここでのポイントは日本文化は「日本の朝鮮化」によってなしとげられた、当時、中国大陸の文化的辺境であった日本列島を文明化したのはわが朝鮮民族であるという主張だということである。これは日本帝国主義が喧伝してきた朝鮮民族に対する差別・偏見、朝鮮を文化化したのは日本だとかいう侵略肯定の言説にたいする根柢からの糾弾にほかならないのだ。

金錫亨『古代朝日関係史』（朝鮮史研究会訳、勁草書房）は次のように展開している。

「古墳時代に入った後にも朝鮮から『文化』が引き続いて伝播されたことは日本の学者達も『承認』する事実である。彼らは多くの場合、これを『受入』したと描写して、朝鮮移住民の進出などの事態からはなるべく顔をそむけようとする傾向がある。……装身具と土器だけというのならとにかく、騎馬戦をはじめとする発達した戦術と各種の先進的武器・武具・馬具に至るまで朝鮮から受入されたといいながら、それを貢納として受け入れたというのである」（二一七頁）。「事実は古墳時代にも朝鮮の住民達は既にその地に根をおろしていた朝鮮系統諸国を足場として、日本列島に系統的かつ集団的に進出していた」、「統一的な国家も文化も形成されなかった六世紀までの日本では、朝鮮移住民の日本への『帰化』が問題なのではなくて、日本の朝鮮化が当面する歴史的な事実であった」（同）とする。朝鮮人は日本列島において大量の村、郡を形成していたのだと（社会運動では荒岱介『廣松渉理解』夏目書房、附論Ⅱ。渋谷要「ＳＥＮＫＩ」二〇〇四年一〇月七日号参照）。

ここでこのようなデータをうらづける方法はいわゆるウイルス分布の調査による分析理論の登場によって確立された。埴原和郎は一九八五年、弥生時代（〜三世紀）の渡来者を約一〇万、古墳時代（四世紀〜七世紀）の渡来者を約二六七万と推計したが、このような研究は科学的な方法でおこなわれている。ウイルスの分布から分析できるのである。例えば「ミトコンドリアＤＮＡ」「ＨＬＡ型」「Ｂ型肝炎を起こすウイルスの粒子の表面にある抗原」「成人Ｔ細胞白血病を起こすウイルス」の分布などである（参考前掲『日本人はるかな旅』、石渡信一郎『百済から渡来した応神天皇』三一書房）。

●吉本隆明の都市論における混合説――ウイルス考古学

一九八七年九月、世の中が天皇代替わりで緊迫していこうとしていたころのことだ。吉本隆明は東京品川の寺田倉庫で二四時間連続講演を開催、そのとき、テーマとして「都市論Ⅱ――日本人はどこから来たか」を話した。彼は日沼頼夫の『新ウイルス物語』（中公叢書）を紹介。「Ｂ型肝炎のウイルスのキャリアの分布」、「成人T細胞白血病ウイルスのキャリアの分布」を説明した。これらのウイルスが多いのはアイヌ人と沖縄。一番分布が薄いのは近畿地方。近畿地方を底として分布のパーセンテージは高くなっていく。「先住の人はT細胞白血病ウイルスのキャリアである率がとても多いことになります。そこにキャリアじゃない人たちがきて混血しました。そして、一番そういう混血度が少ないのがアイヌの人であるというデータになってきます」（『いま、吉本隆明25時』弓立社、二九六～二九七頁参照）。吉本は渡来人は西アジアから・朝鮮半島をとおってやってきたと説明する。

日沼の研究では「T細胞白血病のウイルスをもった人たちのコロニーみたいなものが、日本に接近した大陸、つまり朝鮮も含めて中国大陸のどこかにあるかというと、現在のところぜんぜんないといわれています」（同、三〇〇頁）ということなのだ。

まさにこのように金錫亨の報告は、科学的なデータで、彼の発表した後の時代になって裏づけられたということなのだ。

七世紀前半における具体例として、金錫亨は述べている。

「飛鳥文化は基本的には百済のものそのままのものであり、同時に仏教文化なのである。その初期の仏教関係者が全部百済系統人であったことは、まず第一に注目しなければならない。遺跡としては、まず、第一に法興寺（飛鳥寺）がある。五八八年に建設がはじまり、『日本書記』……によれば百済の使者と共に」僧侶が「仏舎利をもたらし」すなどした。建築家、瓦、画工、鋳鉄の技術者も渡来した。「日本史上はじめての大建築は」「百済の指揮者と技術者たちがつくってやったものであった」（前掲『古代朝日関係史』四五九～四六〇頁）とのべている。

こうした叙述は「如何にどのような」意味「として」分析するかの違いはあっても日本民族多民族国家形成説ということでは戦前日本の見解と通底するものである。問題はどう分析し意味づけるかということだ。

第二章　京都学派の資本主義批判

——「日本の帝国主義はそのままに（批判せず）」帝国主義を欧米独自のシステムとして実体化

●京都学派の資本主義批判とレーニン帝国主義論の相即性

廣松渉は死の直前、一九九四年三月に「東北アジアが歴史の主役に——日中を軸とした『東亜』の新体制を」と題するエッセイ（以下、エッセイとする）を朝日新聞に発表した。その中で次のようなことを言っている。「東亜共栄圏の思想はかつては右翼の専売特許であった。日本の帝国主義はそのままにして、欧米との対立のみが強調された。だが、今では歴史の舞台が大きく転回している」と。この場合、単に右翼のみならず「近代の超克」を宣揚した京都学派もまた、同じスタンスをとった。その場合、彼らはどのように資本主義を批判したか、その批判をなぜ日本の資本主義には適用しなかったのか、なぜ「日本の帝国主義はそのままに」、つまり批判的に問題にしなかったのかということが本論の問題意識である。

すでに廣松渉は「戦後の〝常識〟では、戦時中の日本では資本主義に対する〝批判〟などおよそタブーであったと考えられがちである。……タブーであったと言われるとき、それは『科学的社会主義』の立場からする資本主義批判を指すものでなければならない。しかるに、戦後世代の常識では、いつのまにか戦時中の日本には自称〝資本主義批判〟ですら一切が圧殺されていたかのごとき既成観念が根付いており、昭和思想史に関する〝事実〟誤認が定着してしまっている」(『〈近代の超克〉論』講談社学術文庫、八二〜八四頁)と指摘している。資本主義批判がなかったのではなく如何になされたのかが問題なのである。

そこで見ておかなければならないことなのだが、京都学派の資本主義・帝国主義批判の内容はそれ自身としてはレーニンの帝国主義論(『資本主義の最高の段階としての帝国主義』一九一六年執筆)と相即するものだったといえるのである。どこが、どのようになのか。それはレーニンと同じように「帝国主義」を「資本主義の必然的段階」としての「帝国主義段階」ととらえ、その重要な特徴として「資本の輸出」を強調している点に求められるのである。

ここで以下を論じるにあたって、前提的なことを確認しておきたい。

レーニンの帝国主義論はそのサブタイトルに「平易な概説」とあるように、一九世紀から二〇世紀初頭にかけての世界資本主義を総体としてスケッチし、これを概念的に把握したものとして意義をもつ。だがそこで整理された例えば「強大な資本主義列強による地球の領土的分割」などの「帝国主義の標識」の全てを「帝国主義の鉄の法則」として普遍化・教条化し、現代における政治経済的な資本主義の動向をこの普遍化・教条化された「標識」をもとに主観主義的に解釈することは誤りである。例えば第二次大戦後の世界資本主義は、強大な資本主義国家による政治的・軍事的な領土経営の破産から、後発資本主義国の政治的独立をむしろ承認しつつ経済的に支配していく新植民地主義へ、さらに現在では多国籍企業を軸としたグローバリズムへと大きく変貌している。そこにおける仕組み（機制）をレーニンの古典的な帝国主義の「標識」にすべて当てはめて解釈することはできないことはおさえておこう。

●帝国主義の特徴としての「資本の輸出」の認識

京都学派のやった「東亜共栄圏の倫理性と歴史性」という座談会（一九四二年三月四日。『世界史的立場と日本』中央公論社、所収）で京都学派の一人、鈴木成高（京都帝国大学助教授）は次のように言っている。「帝国主義はナショナリズムの変質で、一民族による他民族の支配隷属という面もあるが、根本的にはやはり経済的な面がある。即ち資本主義というものが到達する必然的な段階だ、という風にいわれています。だから、資源と市場というものが帝国主義の有力な誘引になって、資源と市場を求めて欧州外に膨張する。そこで非常に人口密度の大きな、支那なんかのやうに、移住殖民の余地のないところに進出してゆくのは、問題が人口の移植ではないからです。しかし、もう一つの帝国主義の重要な特徴は、これは経済学者が言っているように、資源や市場だけではなく、資本の輸出、過剰資本の輸出をする。そこで対外投資とか利権とかいうことが、帝国主義段階の固有現象になる。これが一九世紀の帝国主義の特徴だといわれているわけです」。

「支那の租界（開港都市に外国の行政的管理地域をつくった――引用者）や租借地だとか、鉄道利権だとか鉱山だとか、そういうものが非常に帝国主義的侵略を特徴づけるもので欧州の過剰資本の輸出という性格をもっている欧米の支那に対する借款とか企業などはまったく資本の進出で、純粋な帝国主義の特徴だった。その目的は専ら支那に対する投資的利害であった。欧米人というのは生活的に支那の民族の中に深く入るということをしないで、ただ開港場を求める、上海、香港というような開港場で、買弁という支那の仲介商人を通して間接に取引する、そして利潤を追求する」。

だが日本の中国への進出はこれとは別だという。「日本民族の生存というものが支那の存在と結びついている。そこに何か帝国主義的でない或る特殊関係がある。今の僕らの言葉で言えば生活圏というものが、非常に原初的な形だけれどもでてきている……単に利権を擁護するために我々は満州を経営し満州国を創ったのではない。それが日本の特殊性」(同、一七五〜一七七頁)だとなる。

廣松は『〈近代の超克〉論』では「『中央公論』のほうには資本主義という言葉が目白押しに出てくるのに対して、上述のとおり『文学界』のほう(一九四二年七月の「近代の超克」座談会のこと——引用者)には殆ど出てこない」(前掲、八八頁)といっている、その中央公論の座談会がこれなのだ。

レーニンは『資本主義の最高の段階としての帝国主義』第四章「資本の輸出」で次のようにのべている(引用は、前掲『レーニン選集』第二巻)。

「自由競争が完全に支配していた古い資本主義にとっては商品の輸出が典型的であった。だが、独占が支配している最新の資本主義にとっては資本の輸出が典型的となった」。「資本主義の発達したすべての国々で資本家の独占団体が形成された」。「資本の蓄積が巨大な規模に達した少数のもっとも富んだ国々の独占的地位が形成された」。こうして「先進国には膨大な『資本の過剰』が生じた」(同、七三五頁)。「資本主義が依然として資本主義であるかぎり、過剰の資本は、その国の大衆の生活水準を引き上げることにはもちいられずに――なぜならそうすれば資本家の利潤は低下することになるから――国外へ、後進諸国へ資本を輸出することによって利潤を高めることにもちいられる。これらの後進諸国では利潤は高いのが普通である。なぜなら、資本は少なく、地価は比較的安く、賃金は低く、原料は安いからである」（同、七三六頁）。

レーニンは「資本輸出の利益も、同様に、植民地獲得をうながす。なぜなら植民地市場では独占的方法で競争者を排除し、供給を確保し、適当な『コネ』をかためる等等のことが他よりたやすい（時としては植民地市場でしかそういうことが可能ではない）からである」（同、七五四～七五五頁）と展開する。例えば植民政策は貴金属、鉄、銅、石油、天然ガスなどの地下資源の採掘、販売権や資源と軍隊を輸送する運搬ルート・鉄道敷施権、港湾の占有権を獲得する政策で、中国をめぐっては日本と欧米列強はこの政策を貫徹するためにはげしく対立した。

つまり鈴木成高のいう「経済学者がいっている」というのは「レーニンが言っている」と言い換えてもおかしくない。しかもこの場合おさえられねばならないのは、鈴木が「資本主義が到達する必然的な段階」として「帝国主義段階」という言葉を用いていることだ。レーニンは帝国主義が「資本主義の最高の段階」といったが、これは歴史的に必然的な歴史の「段階」という意味であり、こういう思考に京都学派は意識的に立っていたことを意味する。その「段階」という言葉は例えばレーニンによればドイツのマルクス主義者・カウツキーが帝国主義とは金融資本が「好んでもちいる」政策だとしていたことに対するレーニンの反駁を含意するものでもあった。

「好んで用いる」ような恣意的な政策的選択なのではなく歴史的に必然的なシステムだということ

である（前掲『レーニン選集』第二巻、七五七頁以降参照）。だから「帝国主義段階」という概念は、それほどレーニン的な概念なのである。

●日本の中国侵出と帝国主義の問題

ここで一九〇〇年代から三〇年代における中国をめぐる状況をおさえておこう。この時期の中国には日本と欧米列強が進出していた。

中国は日清戦争（一八九四年〜一八九五年）で敗戦すると、日本に巨額の賠償金を支払うため、関税と塩税などを担保にロシア、フランスなど欧州の銀行から借款をうけ欧米資本への金融的な従属を深めた。列強は鉄道敷設権、鉱山採掘などの利権、租借地、租界の獲得をもとめて中国に侵出した。さらに義和団の乱（一九〇〇年〜一九〇一年）ののちに成立した「北京議定書」（帝国主義列強の権益の調整）をつうじてロシア、フランス、イギリス、ドイツ、日本などは中国への駐兵権を確立し中国に自由交通を認めさせた。

この時期までに列強はロシアが後に日本が「満州国」を建国した中国東北地方、ドイツは中部の山東地方、イギリスは上海から湖北、四川など長江流域と広東東部、フランスは広東西部と仏領インドシナに近い南部の雲南、広州など広西地域をそれぞれ勢力圏に収め、日本は台湾とその対岸の福建省をその範囲とした。

一九〇五年日露戦争後のポーツマス条約ではロシアは日本の「韓国保護権」（本書第一部第四章参照）を承認した。日本はロシアから長春から旅順にいたる東清鉄道南満州支線と大連湾、旅順港の租借権を受け取り、樺太の南半分を割譲させ、沿海州沿岸の漁業権を獲得した。

レーニンの「帝国主義」論では中国を「政治的金融的に従属した半植民地」国家と規定し、将来完全な「植民地になろうとしている」と書かれている（前掲『レーニン選集』第二巻、七五一頁）。

日本は第一次大戦（一九一四年開戦）ではどのように展開したか。イギリスとドイツの間で戦争が始まると日本は日英同盟を根拠としてドイツに宣戦した。日本はドイツが中国で根拠地としていた青島と山東省のドイツ権益を接収。赤道以北のドイツ領南洋諸島の一部を占領した。日本は相対立するヨーロッパ諸国が混戦を極め中国問題に介入する余力がない状況を背景に、一九一五年に中国の袁世凱政府に二一ヵ条の要求を認めさせた。山東省のドイツ権益の継承、南満州・東部内蒙古の権益強化、南満州及び安奉鉄道の「租借」の九九ヵ年の延長、福建省を他国に割譲させないことの再確認、日中合弁事業の展開などが明記されている。一九三二年には日本は「満州国」を建設する。

ここで具体的な事例を二つあげてみよう。

満鉄（南満州鉄道株式会社）は一九三五年「興中公司」を設立した。「この国策会社は資本金一〇〇〇万円で全額満鉄出資によるものであった。興中公司は竜烟鉄鉱、井經鉄鉱、……などの戦略物資の開発、これら軍需資源の対日輸出および津石鉄道の敷設事業に着手した。日中戦争以降、興中公司は華北における炭鉱、鉱山、電気、製鉄……の各工場の接収・管理を担当した」。

一九三七年にはじまった日本の中国への全面的な侵略戦争（日中全面戦争）をつうじて「一九三八年一一月、資本金三億五〇〇〇万円の北支那開発株式会社が設立された。……この国策会社はその設立当初には交通業への投融資が圧倒的比率を占めたが、四三年頃よりは石炭業、鉱業、製鉄業への投融資が増大した。……この会社の交通業投融資の中心は華北交通会社であり、これは、華北で採掘された石炭・鉄鉱石の対日搬出路線として重要な役割を果たした。……その当初から三井・三菱・住友等の巨大財閥資本が積極的に参加し、膨大な植民地的超過利潤を獲得した」(宮本憲一他編集『日本資本主義発達史の基礎知識』有斐閣、四二五〜四二六頁)。

まさに帝国主義的な経済侵出としての「資本の輸出」であるといわねばならない。鈴木成高のいうように「生活圏」の形成などと一般化できるものではない。日本資本主義は中国を根こそぎ経済的に支配していたのである。ではなぜ京都学派にとって日本の中国に対する行動は侵略ではないとなったのか。

●日米開戦と大陸侵略浄化論

京都学派は次のような論理立てをつくったのだ。

座談会「東亜共栄圏の倫理性と歴史性」で彼らは次のように言っている。

「高山(岩男。京都帝国大学助教授)(「満州事変・支那事変」に対して——引用者)支那の方では日本の行動を欧米と同じ帝国主義的侵略と誤り解釈するようだが、ここに問題があるので、僕はそう解釈できぬと思う。一歩譲って帝国主義的侵略としてもなお解釈できぬ問題が残る。それは日本がそういう態度をとりながらなぜ、支那分割(列強の——引用者)を防ごうとしたかということだ。この日本の行動の二重性……こいつはよく研究する必要があると思う」。

「西谷（啓治。京都帝国大学助教授）今までの支那に対する行動が外観的にはある程度やはり帝国主義的に誤り見られる外形で動いていた。……当時の世界秩序から歴史的に制約されていた。しかしその行動が現在、大東亜の建設というやうな、或る意味で帝国主義というものを理念的に克服した行動に、必然的に繋がってきている。そこから振り返ってみると、過去の行動にも、帝国主義的としては説明できない隠れた意義が潜んでいた」（前掲『世界史的立場と日本』一六九〜一七一頁）。

なんという結果解釈主義。まあそれはともかく、こうして京都学派は一九四一年の日米開戦が過去の日本の帝国主義的行動を浄化したと、考えるのである。それは中国で日本が展開している経済的支配、収奪を大東亜の建設のための事業として中国との提携として正当化し合理化する論理をもあたえるものであった。「生活圏」の形成だと「改釈」したのだ。

たとえば高山岩男は「神はかかる悪の出現とそれを否定する道義的生命力（モラリッシュ・エネルギー――引用者）の発現をまってかえってその絶対性を顕現する」、「歴史を動かす根本の力は道義的生命力である」とする。この歴史を動かす力を現在日本は欧米との戦争として発現しているというのが高山の立場だった。「近代世界史はヨーロッパの世界への拡張の歴史であった。……世界はヨーロッパを中心として統一せられ、ここに統一的な歴史的世界が成立した。しかしこの歴史的世界はアジアに自主的な中心を有せぬ故、極めて抽象的な世界たるを免れなかった。自主的な者は常に他の自主的な者に対してのみ自主的である。自主的なアジアに対して始めてヨーロッパの真の自主も成立する。アジアがヨーロッパに奴隷的に従属した近代世界は未だ真実の世界ではない。……世界は自主的なアジアを中心としてもつ真実の歴史的世界、すなわち世界史的世界になろうとしている。

これが現代であり、現代の転換である。この転換の主導民族がアジアにある我が日本である」(一九四四年に書かれた「世界史の動学」。『世界史の理論』所収、燈影舎、二〇〇〇年復刻刊、二四五〜二四六頁)と。

ヨーロッパではないアジアの自主性の主張はマルチ・カルチュラリズム(多文化主義)とも通底する思考をもっているが、日本のアジアに対するヨーロッパ的対応は、そのままに問題外とされているわけである。資本主義批判の文脈から言うならば京都学派にあっては「帝国主義」が「欧米資本主義」に実体化され特殊化されているのだ。欧米資本主義との闘いにアジア侵略戦争を隠蔽した、高山に内在するならば日本の戦争をアジア解放戦争へと方向転換しようとした。それは妄想であり虚しいだけだったのだが。

まさに中国文学者・竹内好とおなじなのだ。竹内は一九四一年一二月八日の日米開戦を次のようにのべている。一九四二年一月「中国文学」(第八〇号)の巻頭宣言「大東亜戦争と吾らの決意」である。「歴史は作られた。世界は一夜にして豹変した。……一二月八日、宣戦の大詔が下った日、日本国民の決意は一つに燃えた。爽やかな気持ちであった。……われらは支那事変に対して、にわかに同じがたい感情があった。疑惑がわれらを苦しめた」だが日米開戦で「われらの疑惑は霧消した。……支那事変は一個の犠牲として堪えられる底のものであった」(伊東昭雄責任編集『アジアと近代日本』社会評論社、二六六〜二七一頁)というのだ。このように日米開戦はそれまで批判的だった多くのインテリ層に思考変容をおこし、侵略戦争への協力の道をつくっていくのである。

●帝国主義の欧米独自システムという認識

高山たちの師匠である西田幾多郎（京都帝国大学名誉教授）は「大東亜共栄圏」を「欧州連合（EU）や東南アジア諸国連合（ASEAN）に近い」ものと考えていたと、読売新聞二〇世紀取材班編の『大東亜共栄圏』（中公文庫）では書かれている。西田研究家・上田閑照（京大名誉教授）の言という。そこにはこんなエピソードも紹介されている。西田は一九四三年五月一九日、東京築地の料亭で陸軍軍務局長の佐藤賢了など二〇人と会合した。

「佐藤軍務局長が共栄圏の情勢について説明した後、『日本の天皇（制）をどういう形でどこへ持っていくか』と西田に聞いた。天皇制をアジアに輸出する試みだ。西田は『しょうもなしに。何を言うか』……『それでは帝国主義でないか。皆が満足しなければ共栄圏でないんじゃ。勝手にこちらから決めて共栄圏だと』」と会は紛糾したという。

『日本文化の問題』（一九四〇年、岩波書店、引用は一九八二年特装版）で西田は「主体として他の主体に対し、他の主体を否定して他を自己となさんとする如きは、帝国主義に他ならない。それは日本精神ではない」（九二頁）と書いていた。天皇制の強制は帝国主義ということだがそれは正しい観点だった。しかし同時に西田は「主体として他の主体に対することではなく世界として他の主体を包む……わたしは東亜の建設者としての日本の使命はここにあると思うのである」（同）とも書いている。つまり包摂するという考え方だ。日本が世界の形成者として他を包摂するということだ。まさに現に進行しているアジア侵略、日本へのアジア諸民族の同化の強要を正当なものとして解釈する論理を与えるものであった。

西田は先の会合の後、同じ年に書いた「世界新秩序の原理」において「我国の皇室は単に一つの民族的国家の中心というだけでない。我国の皇道には、八紘一宇の世界形成の原理が含まれているのである」と表明し「英米的思想の排撃すべきは、自己優越感を以て東亜を植民地視するその帝国主義にあるのでなければならない」(『西田幾多郎全集』第一二巻、岩波書店、四二七～四二一頁)と表明した。結局は「帝国主義＝欧米資本主義」として帝国主義という資本主義のシステムを欧米独自のシステムへと実体化させてしまったということなのである。

まさにこうした「日本の帝国主義はそのままに」した反欧米イデオロギーにより、廣松がいうように戦時下の「近代超克論」は、日本の資本主義が「『大東亜戦争』の勝利的展開を期して政治・経済・社会的な総動員態勢の確立を課し、対外的には『東亜共同体』、対内的には『国家共同体』のイデーを掲げて、天皇制国体のもとで国家独占資本主義への再編成を強行的に実現しつつあった歴史的情況に応え、それを合理化するイデオロギーとして成立した」(前掲『〈近代の超克〉論』一〇〇～一〇一頁)のであった。

第三章　「日中を軸とした東亜の新体制を」論

――廣松渉の「東北アジアが歴史の主役に」のエッセイをめぐって

本書では京都学派の資本主義批判の限界を論じているが、それに関係するものとして、ぜひとも廣松渉のエッセイ「東北アジアが歴史の主役に――日中を軸とした東亜の新体制を」（朝日新聞、一九九四年三月一六日夕刊。以下、エッセイと略す）について検討しておきたい。このエッセイへのいくつかの評価を概観する。人によって賛否両論だ。柄谷行人、今村仁司、子安宣邦、天野恵一、荒岱介の分析を検討する。同時に、私の見解も後述するものとする。

このエッセイは、発表直後、大きな衝撃とともに話題を呼んだ。おおくの左翼的な人たちからは「物議をかもした」と表現した方が的を得ているだろう。廣松のエッセイの中で、特に問題とされた部分を確認しておこう。

「東亜共栄圏の思想はかつては右翼の専売特許であった。日本の帝国主義はそのままにして、欧米との対立のみが強調された。だが、今では歴史の舞台が大きく回転している。日中を軸とした東亜の新体制を！　それを前提にした世界の新秩序を！　これが今では、日本資本主義そのものの抜本的な問い直しを含むかたちで、反体制左翼のスローガンになってもよい時期であろう」というものだ。

●廣松の実存的ものいいに配慮した評価――柄谷行人、今村仁司

東大駒場時代から廣松を知っており、一九六〇年代初頭、「社会主義学生同盟」（ブント系の学生グループ。廣松もブント系をはじめさまざまな運動にコミットした）の再建活動をしていた柄谷行人は一九九七年に「廣松渉著作集第六巻月報一三」において「廣松渉の思い出」を書き、その中で、このエッセイを「廣松渉の思考を総体的に知るために不可欠なものだ。これはけっして唐突な『東洋回帰』ではない。北九州で敗戦を一二歳で迎えた廣松氏は、それ以後ずっと一人で欧米との戦争を続けていたかもしれないのである」とのべている。これは廣松が福岡県立伝習館高校生時代、朝鮮戦争が勃発（一九五〇年）し日本共産党（国際派）のメンバーとして、朝鮮人民軍に連帯する闘いをはじめ、「九州反米独立臨時革命政府」を訴えて反米闘争を展開、退学処分となったということをふまえた言説だと推察する。まさに廣松は反（欧）米だったのである。

柄谷は書いている。「廣松氏が遺書めいたエッセイとして、『日中を軸にした東亜の新体制を！それを前提にした世界の新秩序を！』を『反体制左翼のスローガン』として唱えたとき、私は一向におどろかなかった」。京都学派などの諸論を論じた廣松の『〈近代の超克〉論』（講談社学術文庫）での「解説」を書いたのも柄谷である。柄谷の文章では、廣松は「解説」を書いてくれたことを大変喜んでいたという。柄谷はその「解説」文で次のように書いている。

「京都学派への批判も重要だが、それにもまして重要なのは、廣松氏のような哲学者が、京都学派、というより、近代日本の哲学の系譜を意識し、自身の仕事をその批判的継承において見ようとしたということである。廣松渉がオリジナルな思想家であるのは、まさにオリジンに立とうとしているからにほかならない。その意味で、本書は『廣松哲学』を考える上でも不可欠な書物である」（二六六頁）と。このように廣松と京都学派の廣松的なスタンスでの継承関係をあらかじめ意識していた、だから柄谷はおどろかなかったということだろう。

今村仁司は廣松のエッセイが収められた『廣松渉著作集』第一四巻の「解説」でつぎのようにのべている。

「彼が言いたかったことは、二十世紀後半の世界史の軸が東アジアに移動したこと、西欧中心の世界史像はいまでは歴史的使命を終えたこと、そしてまさにそのゆえに日本と中国との新しい関係の構築が政治面でも思想面でも緊急課題になること、などである。必ずしも新奇な発言ではなく、ある意味では誰もがすでに何らかの形で述べていることでもある。ただ廣松としては、この新しい世界史的段階を厳格に自覚するならば、歴史的現在の境地を世界観レベルで基礎固めするべきであり、その世界観とは『ワシの哲学じゃ』と言いたかったのだ」（五一一頁）という。

この今村の見解は廣松の『〈近代の超克〉論』を私流に言えば、〈実存的に読む〉かぎり納得できるものである。実存的にとは、例えば廣松が次のように言うときの彼のモチーフなのである。ここでは三木清の「協同主義」に関する廣松の言説を拾うことにする。廣松は三木の『新日本の思想原理』を批評して次のように言うのだ。

「この『協同主義』に哲学的な基礎づけを与えるべく、三木清はテオリア（観想――引用者）の立場を包越する『実践』の立場に立つ新しい哲学を模索する。……社会観においては『個人主義と全体主義とを止揚する協同主義』、歴史観においては『観念史観と唯物史観』との相補的対立を超える新しい史観を標榜する〝雄大な〟構想になっている」。だが、「三木のこの構想は、しかし、所詮は志向性の表明にとどまっており、およそ哲学体系としての実質を備えていない……これはもとより、三木哲学一個の破産を示すものという域を超えて……戦時下日本の『近代超克論』の総体に関わる一事実である」（前掲『〈近代の超克〉論』一四七頁）と。

まさにだから、この「志向性の表明」を突破し哲学体系を構築しえたのが唯一、「ワシの哲学じゃ」、共同主観性の哲学だと、いいたかったのだということではないか。近代の超克を試みた人々は幾人もいる、だが廣松哲学のみが、その体系をつくったのだと。このような視点からエッセイを読んでみると、「日中を……」というスローガンめいた言説は廣松がほんとに言いたかった主題を入れる、額縁の役割を果しているというようにも考えられてくる。多くの反体制的な人々に物議をかもしたのは、この額縁のせいなのか。

それはともかく、まさに廣松はそのエッセイで次のようにのべていた。額縁の印象が強すぎ、もはや忘れ去られているのかもしれないのだが。

欧米中心の世界が終わり、「新しい世界観、新しい価値観が求められている」として廣松は「『実体主義』に代わって『関係主義』が基調になる」といい、「実体主義といっても……社会とは名目のみで実体は諸個人だけだとする社会唯名論もあれば、社会こそが実体で諸個人は枝節にすぎないという社会有機体論もある。が、実体こそが真に存在するもので、関係はたかだか第二次的な存在にすぎないと見なす点で共通している。これに対して、現代数学や現代物理学によって準備され、構造論的発想で主流になってきた関係主義では、関係こそを第一次的存在とみなすようになってきている。しかしながら、主観的なものと客観的なものとを分断したうえで、客体の側における関係の第一次性を主張する域をいくばくも出ていない。さらに一歩を進めて、主観と客観との分断を止揚しなければなるまい」と。

つまり、ここで書かれていることは本書第一部第二章の【注解】でみた四肢構造論とそこでの三項図式―主客二元論への批判、そしてマッハの「現相主義」などへの批判ということであり、すべて廣松がやった業績の数々以外ではない。つまりは廣松の言っていることがこれからの課題だということになるのである。

まさに廣松がいうように、「私としては、そのことを『意識対象―意識内容―意識作用』の三項図式の克服と『事的世界観』と呼んでいるのだが、私の言い方の当否は別として」そういう世界像が「大きな流れであることは確かだと思われる」ということである。つまりこれは、欧米中心の世界からの転換においては、自分の哲学が主流になるのだという自己主張にほかならない。今村が言った「ワシの哲学じゃ」ということだ。

以上見てきたようにエッセイを肯定的、あるいは好意的に捉える見方がある。それとは全く反対に、これを批判する見方も展開されてきた。まず子安宣邦の批判を読むことにしよう。

●「東亜」概念への精密な分析を基礎とした批判――子安宣邦

子安宣邦の批判は、『「アジア」はどう語られてきたか』（藤原書店）で展開されている。ポイントは「東亜」という概念がどのように形成されたかだ。「さまざまなアジア主義的な言説が、この政治的『東亜』概念をもたらしたというように考えるのは正しくない。むしろ逆なのである。中国そしてアジアにおける日本の帝国主義的意志とその実行としての戦争が、既成の諸イデオロギーを呼び集めながら新たな『東亜』『大東亜』概念を構築していくのである」（一二一頁）という分析視角である。したがって「東亜の新体制」を廣松は「右翼の専売特許」といったが、そうではないということになる。子安は「『右翼の専売特許』であったわけではない。『東亜の新体制』と『世界の新秩序』の主張とは、三〇年代に政治的・軍事的事実として顕在化してくる帝国日本の世界戦略、すなわち欧米帝国主義による世界支配に対するアジアの主張という形をとった帝国日本の世界戦略の表現」（一一六頁）だと廣松を批判するのである。

子安の言説でもう一つのポイントは、東亜共同体に象徴される「近代の超克」という概念はただ、この日本帝国主義の侵略思想として形成されただけであるのに、廣松は「近代の超克」という概念をこの日本帝国主義の行動から自立化させていると批判していることである。

子安は廣松が『〈近代の超克〉論』で書いた、次のような一節を引用する。

「戦前・戦時の我が国の論壇における『近代超克論』は、日本帝国主義の東亜政策、ひいては世界政策をイデオローギッシュに追認しつつ、それを合理化するものという性格を色濃く帯びていた」。

その「根本的な性格は払拭さるべくもなかった」。

この廣松の言説に対し子安は「廣松の論では日本帝国主義の東亜政策ないし世界政策がすでに一定の言説構成をもったイデオロギーであるとはみなされていない。そして他方一定の言説構成をもった『近代超克論』が日本帝国主義の粉飾的イデオロギーに堕してしまったことの非がいわれている」。「ここで抜け落ちてしまうのは、日本帝国主義の世界戦略と『近代超克論』とが四〇年代日本の世界認識・世界政策的な言説構成の共有関係にあることへの視点である」（一一七頁）と反論するのだ。

つまり子安としては「近代超克論」は日本帝国主義の行動が生み出したその身体の一部である。だが廣松は一対一的に別のものが対応しているように論じていると批判したいのだろう。そのことは次のような子安の文脈からも言えることだ。

一九三八年の武漢占領後、近衛首相によってなされた「東亜新秩序」の声明によって、「さらにこの声明の後にしたがうようにして『世界新秩序』としての『東亜協同体』の理念が急速に日本で構成されていく」（一二二頁）と。それは「日本帝国主義そのものが生み出し、要請した読み替え作業」（一二三頁）だったと分析する。侵略戦争の読み替えということだ。そして子安は一九三九年に刊行された杉原正已『東亜協同体の原理』を引用する。

「東亜協同体建設の可能性は事変の進行と共に、事変そのものが持つ歴史的な必然によって描き出されてきた。……日支間にこの共同体的紐帯が建設されるならば古き世界の資本主義及び共産主義秩序は、東洋に於いてはこの新しい民族国家と民族国との国際秩序に代替せられるであろう」。この引用をつうじて子安は廣松がいう「左翼が己の手にとりもどそうという『日中を軸にした東亜の新体制』とは、はたしてこれと何ほどか異なるものなのか」（一二五頁）と批判するのである。

この子安の見解に則して考えてみよう。例えば三木清が次のように言うとき、子安の論拠が近代の超克論者の言説の側から証明されるものとなるだろう。廣松の『〈近代の超克〉論』（一四一頁）で引用されているものを書き出してみる。

三木はいう。「大事件はすでに起こっている。すべての好悪を超えてすでに起こっている。これをどう導いてゆくかが問題だ」。「すでに起こっている事件のうちに何らかの歴史の理性を発見することに努めること、……新たに意味を賦与することに努めることが大切である」と。これは一九三八年六月、三木が「知識階級に与ふ」（『中央公論』）で書いた一節だ。つまり近衛文麿「昭和研究会」の公認イデオロギーとなった「協同主義」の哲学はこのような問題意識においてライティングされているのである。このことは子安が「日本帝国主義そのものが生み出し、要請した読み替え作業」という位置づけを論証するものにほかならないだろう。つまり「東亜の新秩序」という概念は日本帝国主義が生み出し、使用した概念でしかそれはないのに、そのような帝国主義概念を今日、なぜ復活・再生させるのか、ということだろう。（これ以外に子安は「東亜協同体」論は日本知識人がはじめて経験したアジアをめぐる理論体験だったが、廣松の安易な「東亜新秩序」の再生論はそういう理論体験への検討を軽視するものともなると批判しているがその点は本論では検討しない）。

このような論点に即せば、子安の分析はかなり説得力があるだろう。

だが廣松はつぎのようにも述べているのである。問題の箇所の次の文節だ。「商品経済の自由奔放な発達には歯止めをかけねばならず、そのためには、社会主義的な、少なくとも修正資本主義的な統御が必要である。がしかし、官僚主義的な圧制と腐敗と硬直化をも防がねばならない。だが、ポスト資本主義の二十一世紀の世界は、人民主権のもとにこの呪縛《じゅばく》の輪から脱出せねばならない」と。

つまりここで廣松が言っているポイントは、「人民主権のもとに」である。ここが戦前の「東亜協同体論」「近代の超克論」者と決定的に相違するところなのである。戦前・戦中のかかる論者はすべて「人民主権」ではなく「天皇親政」にほかならなかった。三木清の「東亜協同体」論も本書第二部第一章で見たように、すべて天皇主義にほかならない。人民主権という天賦人権説は戦前の天皇主義から見れば国賊の思想なのである。この点をわたしはこのエッセイの分析・検討において重視するものである。人民主権（ここではこの概念自体を問題にすることはひとまず置く）、つまり民衆が主人公、主体となって、近代資本主義世界を変革するという意味ではわたしはこの「近代の超克」という言説を支持したいと考えている。そしてまた、その意味において欧米を帝国主義と批判するだけで、日本国家にはその帝国主義批判を適用しなかった京都学派のスタンスを批判するということになるのである。

●「ナショナリズムの利用」論と運動の方法をめぐる問題――天野恵一

天野恵一は「共産主義（マルキシズム）と『東亜の新体制』――『最後の廣松渉』をめぐって」（『無党派運動の思想』所収、インパクト出版会）で次のように書いている。

（廣松は——引用者）自分の『帝国主義』を『そのままにして』の欧米との対決を主張したかつての右翼とちがって、『反体制左翼』の『東亜の新体制』運動は、『日本資本主義の抜本的問い直し』を含んであるべきだというのだ。しかし、ここには現在の日本社会・国家の『帝国主義』性への具体的批判などなにもない。多国籍化している日本資本の動きにのって、『ポスト資本主義』を叫んでいるだけである」と論じ、次のように指摘する。

廣松エッセイでの「商品経済の自由奔放な発達には歯止めをかけねばならず、そのためには、社会主義的な、少なくとも修正資本主義的な統御が必要である。がしかし、官僚主義的な圧制と腐敗と硬直化をも防がねばならない。だがポスト資本主義の二十一世紀の世界は、人民主権のもとにこの呪縛《じゅばく》の輪から脱出せねばならない」という主張に対して、天野は「『人民主権』の理念を廣松はここで未来へ向けて積極的なものと論じているわけであるが、彼が超えるべしとしている『近代』の基軸的政治理念がそれであるのだから、おかしな話である。『近代』の『判別的特徴』は『人民主権主義とやらが国是とされ、民主主義が基本的な政治理念と〝成った〟こと』と、廣松自身がこの論文（エッセイのこと——引用者）が書かれる直前に出版された『近代世界を剝ぐ』で述べている」と批判している。

この天野が引用している一文「人民主権主義とやら……」について少しだけ、その廣松の論法に注釈を加えておこう。この一文は「資本主義の突然変異」という『近代世界を剝ぐ』の「第Ⅲ章」でいわれているものであり、その論文は著作集第一四巻（以下引用は三〇五～三〇六頁）に所収されている。そこで廣松はイロハ順に（イ）～（リ）まで、九個の近代の「判別的特徴」なるものをあげており、天野によって引用された一文は（チ）として示された項目だ。ポイントは廣松自身がそう考えて、九個の項目を定義的にならべたという位置づけでは書かれていない点である。「判別的特徴」としてあげられたものは、「人はさまざまな特徴をあげることができる」という位置づけで書かれているものだ。つまり九個上げた段階というのは、意味的に確定されていないところのものに他ならない。そして廣松はこれらの「判別的特長」〈とされている所与のもの〉について意味的に分節（分析）していくのだ。そして（チ）を現実の世界においては「たとい〝建前〟であっても、どこまで現実化しているか大いに疑わしい」ものとしているところにポイントがあるということである。

それはともかく、この天野の批判は、廣松は近代の超克といっているのに、近代世界の政治理念である・国民国家の理念である「人民主権」概念をなぜ廣松は、近代的世界観を超克する理念、あるいは、近代の生み出した矛盾を解決する装置として位置づけるのか、矛盾しているではないかといっているわけである。そこから天野は「日本資本主義のありようを激しく批判し、それの『革新』と『新体制』づくりを叫んで、『欧米との対決』を主張した『アジア主義右翼』や『天皇主義ファシスト』のかつての『大東亜共栄圏の思想』や『東亜新体制論』と、それはどこが根本的に違うのかはよく示されていない」と展開する。

「かつてのそうした『日本（天皇制）イデオロギー』とひどく共通した論理とムードがそこには露呈している」……「『世界革命』と『プロレタリア独裁』のアジテーターとして九〇年頃急に時流に抗して復活した廣松の最後のアジテーションは、何と権力者ごのみの、右翼まがいのものとなってしまったのである」（同、一七～一八頁）と批判しているのだ。エッセイは全面的に否定されているということである。

では、廣松は何ゆえ、このようなエッセイを書いたのか。天野は次のように分析する。「階級主義者廣松は、ナショナリズムを無神経に『戦略的利用』することに、さして抵抗感を感じないというレベルの『ナショナリスト』でありつづけたのだと思う」とのべ「『東亜の新体制論』はおそらく主観的には日本の『大国ナショナリズム』の『戦略的利用』であったのではないか。生涯、『暁鐘』(夜明けをつげるカネ)という先駆者の役割を演ずる義務感が彼にはあったのだろう」(同、四七頁)とのべている。

つまり天野は、廣松は終生マルクス主義者であり、「武装闘争・暴力革命のイデオローグであった」(同、八四頁)、その革命のためにナショナリズムを「利用」したのであると分析するのである。

ここで廣松の「暴力革命のイデオローグ」ぶりに触れておこう。一九九〇年代に入ってからのことだ。

天野はこう書いている。「『フォーラム90s』(一九九〇年代に運営されていた学者・文化人・社会運動家などの集合体——引用者)の集まりの後のお酒の席で突然、廣松がある党派の『ゲリラ』を支持すべきだとブチあげた。同席していた彼の古くからの知人の大学教師が」、マルクス主義は平和革命の思想だといったことに対して廣松は「怒り、断固たる武装=暴力革命こそがマルクス主義革命論であると、私の方を向いて、声をはりあげた。三人の席だったから黙っているわけにもいかず、私は『マルクス主義の解釈については廣松さんのおっしゃるとおりだと思います』と答えた。少しおいて、上機嫌の彼に向かって、私は、こうくわえた。『だから、あまり信頼できないんですよ』」と。「彼は

『暴力＝武装』をロマンチックに語り続けた哲学者であった。しかし、私の態度は正直に自分の気持を語ったのだとはいえ失礼なものであったと思う。おそらく、この時も酒代は廣松が払ってくれたのであろうに」（同）と。

そういう廣松との関係、距離感において天野は、このエッセイを読んだのである。戦前、マルクス主義者がアジア主義者に転向していったように「廣松もそういうことなのか、というウンザリした気持ちが私の心を支配したのだ」（同、一九頁）とも述べているが、そういう廣松との内在的な関係から、この天野の批判、「ナショナリズムの利用論」は書かれているということである。

天野はこれらの分析を裏付けるように、廣松の天皇制、ナショナリズムに対する態度などの問題を扱っている。例えば次のような指摘は重要なポイントとなると考えられる。

戦前、治安維持法などを通じた弾圧により、共産党が壊滅した後、左翼運動からの転向組が大挙して近衛文麿の「昭和研究会」に入会する。三木清もその一人だった。そのことを廣松が『〈近代の超克〉論』でつぎのように分析、主張しているところを、天野は問題にしているのである。その問題となるものは、廣松が次のように言っている箇所（その論の第六章）である。

「左翼大衆運動が手も足も出ない当時の状況下にあって、緊迫した政治状勢にコミットしようとするかぎり、近衛とその人脈による政治力学に介入することがリアル・ポリティクスとしては殆ど唯一残された途であったことは認めるに吝かであってはなるまい（ここでは暫く、原則的見地からの批判的討究は措く）」（前掲『〈近代の超克〉論』）。

天野は次のようにこの分析、主張を批判する。

「廣松の主張は奇妙なものである。『左翼大衆運動が手も足も出ない』状況になったら、権力者のグループに介入して、国策イデオローグになるのが『リアル・ポリティクス』の『唯一残された途だ』なんていう論理を認めるわけにはいかない。これは前衛主義者らしい（引用者注――この規定については問題にしない。理由は本論の最後に書いている）おかしな主張である。どれだけ抵抗ができるかはともかく、翼賛活動のイデオローグになるような愚行はすべきではない、そう考えて当然ではないか。……廣松も『原則的見地』からは批判されるべきであると思わせることも書いているが、原則的にはおかしいが、『唯一残された途』だなどという論理があるのか。原則的には批判されるべきだが、しかたがない選択と認めるのなら、それは原則などといえまい」とのべている。この天野の批判のスタンスは原則的であり、認める以外ない。

そこから、天野は次のように展開している。

「これはナショナリズムの戦術的利用を『リアル・ポリティクス』として採用した前衛主義者廣松らしい主張であるともいえる。そして、ソ連社会主義崩壊後という状況で『東亜の新体制』論を彼が書いてしまう根拠が、ここにしめされているというふうに読めるかもしれない。主観的には、彼にとっては戦中のようにではないとしても左翼大衆運動が『手も足も出ない』状況と認識されつつあったのかもしれないのだから。上空飛翔的体系の緻密化の努力。同時に権力者の『リアル・ポリティクス』へのコミットへの意思表明としての『東亜の新体制』」（前掲『無党派運動の思想』七一～七二頁）が廣松の頭の中にあったことではないか、天野は「『〈近代の超克〉論』を読みなおすと、そんなふうに読めないわけではない」というニュアンスでのべるのである。私はこの分析には賛成する。

この天野の言説に基づくならば、このように廣松が自己の主張するものの実現のために、より実現が可能な広場を設定（利用）することはあるだろうと考える以外ないだろう。ソ連東欧の「労働者国家」の枠組みは潰え去った。国際共産主義運動は再編の時期を迎えていた。そういう時、「利用」できる理論システムを「東亜新体制」「東亜協同体」論に求めたということがいえるだろうとわたしも考えるものである。だが天野が廣松エッセイに対して否定論なのに対して、わたしは違う。本論の今村仁司の節で論じたように、わたしは廣松のエッセイはすべてその内容が間違ってしまっているとは考えないのである（この点については後述する）。

●新左翼の中にある近代生産力主義を超える問題意識──荒岱介

前節でみたような天野による否定的な見解とは逆に、〈廣松はもっとストレートに「近代の超克」派になるべきだった〉と主張する見解が存在する。荒岱介の『廣松渉理解』（夏目書房）である。

本論に入る前に、荒が廣松のエッセイにどのように向き合ってきたのかを概観しておきたい。荒は廣松のこのエッセイを朝日新聞で読んだわけだが、同時に荒は、廣松が入院先の虎ノ門病院から荒宛にエッセイをコピーして郵送したものを受け取ったのである。そこには廣松の荒あての手紙が同封されていた。

エッセイ中の文章で「東亜共栄圏の思想はかつては右翼の専売特許であった。……反体制左翼のスローガンになってもよい時期であろう」までをマルで囲み、「広汎な統一戦線を提案しておられる貴殿方には真剣に検討して頂けるものと期待いたします」と書き添えてあったのだ（同、一七頁）。

荒はのべている。「意見をもとめる手紙だったようだが、私には余りに唐突に思えて、むしろ違和感をおぼえているところに、今度は訃報がとびこんできた。何を言ってんだろ廣松さんは、何でこんな遺書を残してこの世を去ってしまったのだろうか。とまどいだけが後に残っていた」（同）というのがエッセイ発表の当時の荒の実感である。

だが荒は一九九〇年代をかけて、彼自身が共産主義から環境革命派にパラダイム・チェンジする中で、廣松がエッセイで言っていたことを、彼の思想的脈絡において理解したのである。つまり〈ソ連・東欧の共産主義も、マルクス・エンゲルスも生産力主義であり、それは欧米物質主義の中の一つの潮流である〉というのが荒のスタンスになったのである。そこから考えたとき廣松が「近代の超克」にこだわった意味を荒は主体的にとらえたということなのだ。

荒は次のように述べている。

「晩年廣松は、共産主義を歴史的概念としては捨象してしまい、共産主義なるものが正義であるにはどうするべきか、人類史的危機からの救済をなせる思想にどうしたら換骨奪胎できるのかと、それればかり考えていたのである。その結果唯物史観を生態史観として読むということを思いつき、改釈につぐ改釈を繰り広げたのだ」。

廣松はそこで次のようなトリックをやったと荒は言う。

「マルクスではなく人間生態学と言いつつ、食糧は算術級数的にしか増えないが、人口は幾何級数的に増加するというマルサスのようなことを（廣松は——引用者）言ったのだ。となれば、まさにマルクス・エンゲルス主義の意義の継承は、その唯物史観の内容を否定するという意味においてしかできないではないか。そしてこの作業こそが、われわれがなすべき近代の超克の一階梯であると筆者は思う。二〇世紀共産主義こそ近代思想の権化であったのだから」（同、一一八頁）と分析する。

つまり〈マルクス・エンゲルスが成立させた唯物史観は生産力主義であり、生産力主義否定の生態史観とは逆なのにもかかわらず、廣松はマルクスの唯物史観は生態学と合致すると、改釈したのだ〉というのである。

そのポイントは、「生産力の無限の発展」を価値として、発展した生産力を国有化し平等に分配することを「共産主義革命」の問題意識とした、そのマルクス主義の基礎理論＝唯物史観がなぜ、エコロジーに合致できるのかということを荒は問題にしているのであるということだ。「廣松の思い入れとは逆に、エンゲルスは科学の発達によって産業化が自然を破壊する問題や、人口増加による食糧問題は解決できると主張していた。廣松もマルクス・エンゲルスは人口問題・食料問題に関しては『マルサス主義（マルクス主義ではない）や社会ダーウィニズム』との対決ということもあり、『農工生産力の発展による人口扶養力の向上という契機の方をむしろ強調した』（三六九頁）（『生態史観と唯物史観』講談社学術文庫の頁数――引用者）とも正しく書いている。『生産力の無限の発展』が社会変革の前提だったことは廣松も否定できないのだ」（同、一一三～一一四頁）と。それを廣松は「マルクス・エンゲルスは『「歴史」を観ずるにあたり、人間的主体と自然的環境との生態系的な相互規定態を表象していたことはたしかである』（三二六～三二七頁）（『物象化論の構図』岩波書店の頁数――引用者）という具合に。なんとしても唯物史観を生態史観と言い換えたいのだ。しかし実際ソ連などで立案されたのは人間の手によって自然をつくり変えるという地球改造計画のほうだった」（同、一一五頁）ということである。

廣松のマルクス「改釈」、マルクス主義の「言い換え」ということは、それとして、その通りであり、わたしもまた雑誌「理戦」(実践社)八〇号での論文「唯物史観の生態史観への読み替えは可能か」として表明してきた観点である。この廣松の「マルクス改釈」という分析では、わたしは荒とほぼ完全に意見が一致している。それを踏まえつつ荒がエッセイにたいして表明した立場への評価ということになる。

以上のような荒の問題意識をふまえつつ、さらに荒が廣松に対する立場を鮮明にしている箇所を読んでみよう。

荒はまず京都学派の高山岩男が『世界史の哲学』において論じた次の一節を援用する。「『人間の生命は、いわゆるエクメーネ(=風土〔引用者注〕)というような、一定の自然的制限を有する水土的環境の内部で維持している』……と論じた。『自然と人間との呼応的合致』の結果、『文化』というものが成立する。『人間の自然制服』という『自我哲学』にもとづいた『西洋近代』は、『人間中心主義』でしかないと批判していたのである」(同、一一六頁)と、京都学派がエコロジカルな観点をもっていたことを措定する。これはそのとおりである。

ここから荒は次のように展開する。

「私は廣松はマルクス・エンゲルスがエコロジーの元祖だなどと強弁せずに、京都学派の主張にはエコロジカルなものがあると言うべきだったと思う。それを廣松は『計画経済は市場経済そのものの止揚に立脚するものであって、社会的運営に関して生態学的な価値基準を規矩とすることが可能である』などと、ソ連・東ヨーロッパの崩壊後もあくまでも共産主義を擁護しつづけて、この世を去っていった。私は一人で欧米と戦っていた廣松は、左翼にも右翼にもこだわらず、近代の超克派として京都学派を擁護しているべきだったなあと思ってしまう。時代は生態史観のほうに軍配をあげたが、マルクス主義と京都学派のどちらが生態史観に近いのかというなら、誰の目にも京都学派のほうだとしか言えないのである」（同、一一七頁）と。

だから荒は廣松の「東亜の新体制を」というエッセイを、そのままのとおりに高く評価するに至ったということである。エッセイの言うがままに欧米物質主義を克服せよということだ。

つまりこのような問題意識を基底として、荒はエッセイを次のように評価したのだ。

「しかし廣松は、戦前＝悪・戦前＝軍国帝国主義オンリーという図式に対して、果たしてそのように言い切れるのかと問いかけたのである。京都学派など戦前の思想を考えていけば、彼らが言っていた『近代の超克』ということは見直す必要があると問うたのだ。それが『東亜の新体制』ということになる」と。

さらに続けてのべている。「アメリカの尻馬にのって過去の日本を全部否定する。それは占領者の言葉で考えているだけだと廣松は思っていたのだ。戦前日本の思想もそんなに捨てたものではない。少なくとも西洋近代文明を超えようとする問題意識があり、アメリカ流のモダニズム賛美一辺倒の日本の戦後思想よりは、よっぽどましだと廣松は思っていたのである。そうした意味において廣松は、全共闘・新左翼運動は戦前・近代の超克論の流れをくみ、戦後日本のモダニズム＝近代主義の超克をめざす運動であると考えていたのである。全共闘・新左翼運動の問題意識は反帝国主義・スターリン主義の克服である。スターリン主義というのはソ連のことであり、帝国主義と言えばアメリカなどのことだ。そうしたアメリカとソ連の持っている物質文明・生産力主義の考え方を越えようとしているのが新左翼運動であり、それは近代の超克派とつながっているのだと廣松は解釈していたのだ」（同、二一頁）ということにほかならない。

そのような近代生産力主義批判の脈絡においてエッセイを理解することは可能である。

本論ではわたしの廣松エッセイに対する九四年当時の見解を振り返るところから、この荒のエッセイ評価についての私の観点について、そのポイントをおさえておきたい。

わたしは廣松のエッセイに対して、次のような見解を当時、発表した（「共産主義者同盟」（現・ブント）政治機関紙「戦旗」（現・SENKI）八一八号（一九九四年一〇月一五日）「三木清の東亜協同体論と〈多元的世界観〉の陥穽」、筆名大崎洋。『前衛の蹉跌』（実践社）所収）。

私はそこで、廣松がエッセイを発表した時は「日本の起こしたアジア侵略戦争を肯定しようと、いわゆる右派文化人がさまざまな『日本論』を主張していた時期だ。例えば廣松の死後も、朝日新聞には文化欄にシリーズ『漂流する戦争』が特集され、『京都学派に再び光』というタイトルで『世界史の哲学』の再評価がはじまっているとして、坂本多加雄（学習院大学）の見解を紹介している。……（「朝日新聞」九四年九月一九日付、夕刊）。こうした風潮に対し『反体制左翼の側からの真正の近代の超克を』という廣松流の対応でもあったろう。もっとも『東亜』という言葉を日本人がいう場合、アジア民衆からみれば特別な意味として認識されるのではないか。その言葉は地理上のイースト・アジアとは全く異なった政治的歴史性を負っていることに、われわれは意識的でなければばならない」とのべている。

その上で京都学派の検討に入っている。

三木清の「協同主義」などの戦前「近代の超克」論は、「（協同主義は）個人主義と全体主義とを止揚していっそう高い立場に立つ」とか、「個人は社会から作られるものであり、作られたものでありながら、独立であって逆に社会をつくっていくものである」、このような原理から「内に向かっては国民協同主義、外に向かっては民族協同主義として新たに発展すべき全体の立場からの」「革新の為の協同主義」（三木清が昭和研究会の公式文書として書いた『新日本の思想原理』）という論理など、個人主義・全体主義という近代的世界観への批判の問題意識を持っていたことは妥当性をもつものだと肯定しつつ、だがその「近代を突き抜けた」ところが、なぜ天皇親政なのか、天皇制全体主義は協同主義の哲学（などの「近代の超克」論）のプラス面を「全面的に否定するものにほかならない」と論じている。その例証として京都学派が一九四一年〜四二年にかけて行った三つの座談会をまとめた『世界史的立場と日本』における京都学派の言説を批判的に検討した。例えば座談会でいわれている「日本の立場からそれら民族を大東亜共栄圏の民族というものに形成していく」（西谷啓治）などの言説をとりあげ、「日本的帝国主義史観」としかいえないと京都学派を批判しているのである。わたしは今日においても、かかる立場を表明するものである。

荒は京都学派が侵略戦争に加担したことなどはもちろん批判してきたのである。だがここがポイントなのだが、荒が環境革命論・エコロジズムの文脈で、廣松は近代生産力主義の克服を廣松の「東亜の新体制」というエッセイなどで訴えたのだ、その「近代の超克」を徹底せよと表明することは、お互い（「別個に進み、共に撃つ」（分進合撃）という意味においてであるが）環境革命を目指す者として支持したいと考えるものである。

●「マルクスよ期して待て」から「廣松よ期して待て」へ

以上、廣松エッセイに対する五氏の見解を検討してきた。私としては、どの見解も一理ありとする以外ない。その廣松エッセイへの批判であれ、合意であれ、そのことを論者たちが、自分たちの特異性―オリジナルな思想において、どのように引き受け、どのように考えて捻出したか、そのプロセスをこそ、今後のわたし（たち）の肥やしにしなければならないと考えるものである。

廣松は生前、マルクスについて次のように語ったことがある。

廣松はその人生の後半になるにつれて現象学者となり『存在と意味』ではマルクスなどはほとんど登場しなくなる。だが一九九四年五月二五日、廣松は『マルクスの根本意相は何であったか』という本を情況出版より上梓しているのだ。この五月二五日とは、すでに廣松が他界した後のものである。廣松はこの月の二二日に他界しているのだ。もちろん「はしがき」は「一九九四年三月吉日」となっている。その最後の論文は「起源としてのマルクス」である。これは一九八三年三月一一日、毎日新聞夕刊に書かれた「〝始まり〟としてのマルクス」というエッセイが初出である。

わざわざ、この一〇年以上も前の文章を最後にしたのには訳があると私は推察する。廣松は次のようにいっているのだ。「偉大な思想家と呼ばれる人々にも、おのずと幾つかの類型がある。思想家についても、芸術家や宗教家と同様、創始者型、中興者型、大成者型の三つのタイプに分けることができよう」といい「マルクスは、私のみるところ、何といっても創始者型の大思想家である。……新しいパラダイムを開示したからこそ彼は創始者なのであるが、このさい、彼自身の諸説が一義的な体系で確定されにくいからこそ、さまざまな解釈（そのじつは継承的・変容的な展開）をうけつつ開祖として遇されるゆえんとなる」。つまり「……継承的に展開されることをいうなれば〝運命づけられている〟……死後百年の現状は、遺憾ながら、必ずしもマルクスに幸いしていないかに見える。だが、『マルクスよ、期して待て』と言いたい」（二三八〜二四一頁）と締めくくられている。「マルクスを継承的変容的に発展させるのは、この私である」という宣言だと私には読める。廣松はだから『生態史観と唯物史観』の附論「生態学的価値と社会変革の理念」などでは生産力主義を基調とする唯物史観（歴史段階説。歴史進歩史観）と生産力主義の否定を基調とする生態史観・エコロジズムを融合させようとしたりしているのである。マルクス「改釈」だ。だが、廣松がマルクスは「創始者型」といったのには、もう一つ別の意味があると私は思う。

つまり廣松はマルクスと同様、自分のことも「創始者型」の思想家と言いたかったのではないか。荒岱介は「二人の廣松」（『廣松渉理解』第三章のタイトル）と言ったが、これは名言だ。廣松の思想はこれまでみてきたように多面的だ。一義的ではない。マルクスの諸説と同じように。だから廣松のことを論者によっては「前衛主義者」、別の論者によっては「前衛―大衆図式の反対者」……云々。マルクス主義であり、現象学であり、環境主義である……等々。廣松は多数多様体、多数多面体である。だから、われわれは言わなければならないのではないか、「廣松よ期して待て」と。廣松理論を「志向性の表明」だけではなく、論理体系として発展させるべき論脈は何なのかが問われている。そしてその廣松理論の発展の試みにおいて何が妥当だったのか、それは歴史家や哲学者たちがあと二〇〇年後に論争するはずである。人類が生きていればの話だが。

第四章　日本の朝鮮侵略と排外主義

日本国憲法の人権規定は、「すべて国民は……」であり欧米のように「全て人は……」ではない。なぜか。日本の韓国・朝鮮への侵略の歴史との関係で考察する。

二〇〇五年は日本が大韓帝国に武力を用いて結ばせた一九〇五年一一月の「乙巳《ウルサ》保護条約」（第二次日韓協約）から一〇〇年目だった。「保護」という意味だが、当時日本は「韓国保護権」なるものを主張。日本はこの条約で韓国を「保護国」としたが、韓国の日本への属国化を意味した。元老伊藤博文（特命全権大使）は「駐屯日本軍に王宮を包囲させたうえで、直接朝鮮政府の閣議の席にのりこみ、大臣ひとりひとりに脅迫的に賛否を答えさせ、自分でかってに賛成多数と決めて、その状態のまま属官に『国璽（国の正式の印章）』を取ってこさせ、その晩のうちに『調印』させてしまった」（梶村秀樹『朝鮮史』講談社現代新書、一三九～一四〇頁）のである。この条約により大日本帝国は韓国の外交権を剥奪。漢城（ソウル）に韓国の外交権を統括する統監府をおき伊藤博文（一九〇九年、民族運動家・安重根の義挙により暗殺）が初代の統監となった。統監には韓国守備軍に治安出動を命令する権限を付与した。つまり「日韓併合条約」は一九一〇年だが、朝鮮に明確な植民地権力を樹立し、統治しはじめた起点がこの乙巳条約なのだ。だから北朝鮮・共和国をはじめ、乙巳条約を事実上の併合と規定して日本の朝鮮植民地支配のはじまり（一九〇五年〜一九四五年で日帝四〇年）とする見解が存在するのである。

さらにこの乙巳条約（一九〇五年一一月）に先立って明治政府は、その年の一月、韓国の「独島」を強奪したことは明確にのべておかねばならない。独島を「竹島」として日本領土に編入することを閣議決定しているのだ。例えば一八七七年の時点においては、明治政府・内務省は「竹島外一島」（この「一島」が現・竹島）は日本の領土ではないとして、右大臣岩倉具視、参議大隈重信などに決済をもとめ三月二九日、太政官において承認されていた。つまりもともと日本政府も領土ではないと認めていたのである。だが一九〇四年、日露戦争に突入した日本は、一九〇五年外務省が中心となって日本海海戦が急務となっているので、独島を日本の領土にせよと決定したのである。日本がロシアのバルチック艦隊を破った日本海海戦（五月）の四ヵ月まえのことであった。したがって日本の領土などでは一切なく、侵略戦争による韓国領土の略奪として規定する必要があるのである。この島の略奪は乙巳条約（日韓併合）へ向かう日本国家のナショナル・プロジェクトのまさに一環にほかならないのであり、この島に対して日本が一切の領有権・管理権を主張することは、「日韓併合」の歴史的肯定に他ならないのである。

●「韓国併合」による朝鮮民族の抹殺＝近代日本への同化

ここで日本の歴史教科書、山川出版社の高校教科書『詳説・日本史』（二七三～二七四頁）で、朝鮮植民地化の概略を見ておこう（史実として詳しくは山辺健太郎『日韓併合小史』岩波新書などを参照せよ）。「日露戦争後の日本は、戦勝で得た大陸進出拠点の確保につとめた。……（アメリカとイギリスに）韓国保護国化を承認させた。これらを背景として日本は、同年（一九〇五年）中に第二次日韓協約」、つまり乙巳条約を「結んだ」。日本はさらに一九〇七年、第三次日韓協約で「韓国の内政権をもその手におさめ、さらに韓国軍を解散させた」。これに反対し反植民地闘争が「義兵運動」として起こる。日本政府はこれを「鎮圧」することを通じて「憲兵隊を常駐させるなどの準備のうえに立って、一九一〇年（明治四三年）に韓国併合条約を強要して韓国を植民地化し（韓国併合）漢城を京城と改称してそこに統治機関としての朝鮮総督府を設置し」た。「総督府は、地税賦課の基礎となる土地の測量・所有権の確認を朝鮮全土で実施したが（土地調査事業）、その際に所有権の不明確などを理由に広大な農地・山林が接収され（注欄・これによって多くの朝鮮農民が土地を奪われて困窮し、一部の人びとは職を求めて日本に移住するようになった）、その一部は東洋拓殖会社や日本人地主などに払い下げられた」。とにかく侵略だったということはこれでわかるだろう。

これが『新しい歴史教科書』（扶桑社）となると、植民地化が開発（近代）化、同化政策も日本語の語学教育というニュアンスで語られることになる。

「一九一〇（明治四三年）年、日本は韓国内の反対を、武力を背景におさえて併合を断行した（韓国併合）。……韓国併合のあと、日本は植民地にした朝鮮で鉄道・灌漑の施設を整えるなどの開発を行い、土地調査を開始した。しかし、この土地調査事業によって、それまでの耕作地から追われた農民も少なくなく、また、日本語教育など同化政策が進められたので、朝鮮の人々は日本への反感を強めた」（二四〇頁）と記載されている。だが日本がやったことは単なる開発や植民地母国語（この場合は日本語）の教育一般ではない。

日本の教科書が記述していないことで、重要なことがあるのだ。以下二点にわたり指摘する。

①朝鮮統監府の最高責任者は誰だったか、それはどのような「統治」をおこなったかということがいわれる必要がある。

そこで韓国の国定韓国高等学校歴史教科書『韓国の歴史』（大槻健他訳、明石書店、三九三〜四〇二頁）を見てみよう。

「日本軍現役大将が朝鮮総督に任命され、植民地統治の全権を掌握した。朝鮮総督は日本の内閣の統制を受けずに日本国王に直属し、立法、行政、司法および軍隊統帥権まで掌握した絶対権力を行使した。……このように強大な権限が総督に付与されたのは、わが民族の独立運動を朝鮮総督が意の如く徹底的に弾圧することにその目的があった」と。この下に運営される「総督府の官吏はほとんど日本人によって占められた」のである。つまり日本国王＝天皇が植民地統治の最高責任者だったのである。天皇は大日本帝国の統帥権（軍の最高指揮権）をもっていた。まさに韓国における武断独裁は明らかに天皇（制）の侵略責任として認識されるべきものなのだ。

それはどのようなものだったか。『韓国の歴史』は次のように書いている。

「韓半島には日本軍二個師団と二万余人の憲兵警察および憲兵補助員が配置され」た。「憲兵警察の主要任務は警察の業務を代行すること以外に、独立運動家を捜査し処断することにあった。……彼らには即決処分権があり」、「韓国人のあらゆる行為は憲兵警察の判断によって裁判もなく拘留されたり重い罰金が賦課された」。「言論、出版、結社の自由を剝奪され、民族指導者は逮捕、投獄、虐殺された。救国運動をおこなって投獄された人士が数万人に達したときもあった……」というわけだ。こうした武断政治の中で、同化政策が展開されたのである。だが天皇制はこうした侵略責任を戦後もついに少なくとも公にはとわれることなく「象徴天皇制」という形で存続してきた。

『新しい歴史教科書』がいう「日本語教育など同化政策がすすめられた」という記載はただそういう語学教育が施されたということだが、実際は暴力的な独裁でもって日本語が強要され、民族としての朝鮮の言語を抹殺するという政策が展開されたということである。現在のように日本人が英語を学ぶのとはわけが違うのだ。

『韓国の歴史』は皇民（天皇の民）化という政策の下で「わが国の言葉と歴史を学ぶことができなかった。また、皇国臣民の誓詞暗誦、宮城（皇居――引用者）遥拝、神社参拝はもちろん……姓名までも日本式に変えるように強制した」。「これを拒否する人に対しては投獄、殺傷までも」行い、徴兵制度、徴用令によって、日本軍兵士や従軍慰安婦などへと強制動員したとのべている。

だが日本の教科書はいずれもこうした植民地化が武断独裁をもってする朝鮮民族の抹殺＝日本への同化を目的にして展開したことを具体的に伝えようとはしないのである。かつて四世紀～七世紀にかけて朝鮮から渡来した人と文化と偏見なく融合し、混血して形成されていった日本人、その日朝のつくった友愛（フラテルニテ）にもとづく「東アジア文化」の歴史と伝統（第二部第一章文末【注解】参照）を近代日本は破壊してしまったのだった。

●朝鮮における日本帝国主義の略奪―支配

②こうした政治体制を枠組みとして、どういう経済的な支配がおこなわれたか、見ておく必要がある。日本の教科書では「土地調査事業」の記述があったが、なぜ所有権が不明確と認定されたか、なぜ、農民が土地を追われたか、その経緯が重要だ。これはメカニズムとして言われる以外ない。『韓国の歴史』は次のように説明している。日本は「土地調査事業」をもって「近代的所有権が認定される土地制度を確立すると宣伝した」。「わが農民は土地所有に必要な書類を具備して定められた期間内に申告する場合のみ所有権を認められた。しかし、当時、土地申告制が農民に広く知られておらず、申告期間が短いのに比べ手続きが複雑なので、申告の機会をのがした人が多かった。日帝が申告手続きを複雑にしたのは、いうまでもなく韓国人の土地を奪い取るための手段であった。また、……日帝の施策に協力したくないという民族感情」で「申告されない土地があった」。「日帝はこのような未申告地はもちろん、公共機関に属していた土地、村や門中の土地と森林、草原、荒蕪地なども全部朝鮮総督府所有にしてしまった。……不法に奪取された土地は全国土の約四〇％にもなった」。それは単なる近代化ではなく帝国主義本国日本への土地・農地の植民地的な収奪にほかならなかったのである。こうしたことを『新しい歴史教科書』は抹殺しているのだ。農民

は小作化し、あるいは火田民（焼畑耕作民）化し、日本などへの移住を余儀なくされたのだった。朝鮮の工業は農村での過剰人口を吸収しえず、日本の底辺下層労働力などへと土地なき農民を組織していったのである。

朝鮮総督府は「鉄道、港湾、通信、航空、道路など」を日本の大企業とともに独占。「林野全体の五〇％が総督府と日本人に独占された」そして、一九三〇年代には朝鮮は日本の中国侵略のための「軍需物資を供給する兵站基地になり、日本人の重工業投資がさらに増加」した。

このような収奪政策は、一九二〇年から実施された「産米増殖計画」に典型的である。これは一九一八年、米騒動を総括した日本の支配層が朝鮮を食料供給基地として米作増産政策を実施し、日本の低賃金労働者に対して安価な米を供給することを目的としたものである。

『韓国の歴史』では次のようにいわれている。「無理な増産計画のために目的は達成できなかった。……（だが総督府は――引用者）増産量よりはるかに多い量の米穀を収奪したので、わが農民は食糧事情が極度に悪化し飢餓線上に苦しむようになった」。加えて「水利組合費（反あたり五円～一〇円。朝鮮人に水利組合をつくることを強制し、その委託事業として日本企業が土地改良の土木事業をすすめるシステム――引用者）、増産に投入された運搬費などをも負担したので、二重の苦痛をうけ、生計はますます困難になった」。こうして農民はますます貧しくなり土地から離されていくしかなかった。

つまり「韓国併合」により、韓国・朝鮮は完全に日本帝国主義の経済的底辺へと解体されたのである。これが戦前、日本が大東亜共栄圏という名でのグローバリゼーション化の中で行ったことだったのだ。

●天皇の命令としての強制連行政策

一九三七年盧溝橋事件を突破口に日帝の中国全面侵略戦争がはじまり、一二月には南京占領（大虐殺）という過程で、「国民精神総動員」が展開された。朝鮮では「皇国臣民の誓詞」を制定し日本語常用を強制した。一九三九年には朝鮮人に対して創氏改名が強要されていく。この過程で日帝は、三八年四月、国家総動員法を発動しこれにともなって三九年には国民徴用令が施行した。朝鮮人にたいしては、戦時労働力としての徴用、強権的な強制労働が展開されていく。

国家総動員とはその第一条では「戦時に際し国防目的達成の為国の全力を最も有効に発揮せしむるやう人的及びその物的資源を統制運用するをいう」とするものである。必要があると政府が判断したときは「総動員業務」つまり物資の生産・配給・保管や運輸、通信、衛生など一切の業務に国民を徴用できるというものだった（第四条）。

この国家総動員法は、明治憲法第三一条「天皇の非常大権」に準ずるものであったのだ。明治憲法第三一条は、国民の自由権に対して「戦時または国家事変の場合において天皇大権をさまたげることなし」と規定していた。つまり戦時においては国民の自由権を無視・停止しても必要な政策を実行できるというものだった。こうした規定がファシズムの要請によって極限的に適用されたのが朝鮮人強制連行に他ならないのである。永田鉄山（陸軍省軍務局の指導者の一人）の「国家総動員に関する意見」によれば「国家全人員の力を戦争遂行の大目的に向けて集中するために国民を統制按配」することを規定するものだった。これをつうじて「高度国防国家」を建設するという計画である。

内務・厚生省による「朝鮮人労務者内地移住に関する件」が制定され、一九三九年中に八万五〇〇〇人の集団連行が認可され、強制連行がはじめられた。この労働動員と創氏改名、そして「朝鮮思想犯予防拘禁令」という三大政策により日帝は朝鮮人を管理抑圧する体制を形成し、そのもとで「朝鮮人労働者」を「戦争労働力」に武装解除していこうとしたのだ。

強制連行は年間数十万の単位でふえつづけ、四五年九月までに一五〇〇万の人々が連行された。在日朝鮮人はこれにより約二四〇万人に達することになる。この人口増加に対して「移入労働者訓練及び取締要綱」などが制定されていくのだ。

さらに朝鮮人の日本軍への動員が展開された。一九三八年には特別志願令を出し、四四年には徴兵令がだされた。軍人・軍属として三七万人が動員された。また、朝鮮人女性数万人が暴力的人さらい的に連行され、「従軍慰安婦」なる戦時性奴隷制を強制されたのである。

ここで確認しておく必要があることは、「従軍慰安婦」政策の問題である。一九三〇年代冒頭、第一次上海事変で設置されはじめたといわれる「慰安所」は、軍単独では運営できず、外務省、内務省、朝鮮総督府・台湾総督府、その指導下の警察などが慰安婦の徴集に関与していたことが判明している（吉見義明『従軍慰安婦』岩波新書、参照）。まさに日帝の国家をあげた組織犯罪であったのだ。こうしたことも日帝にとっては「戦時の必要」からなされたことだったのであり、戦時動員法に根拠をもった――つまり天皇の命令として根拠をもった法の下で展開されたのである。

この強制連行の中で管理抑圧を実体的に担ったのは「協和会」だ。協和会は労働管理・生活管理など朝鮮人のすべてにわたる管理機関だったが、それに加えて敬神政策――神棚配置、神社参拝、皇居(宮城)遥拝、日本語、和服、軍事教練を強要するなど天皇制イデオロギーでもって朝鮮人の民族性それ自身を解体しようとしたのである。まさに同化治安管理機関に他ならない。

このような強制連行・奴隷労働の結果、二〇万以上の人が死亡、虐殺されたといわれている。

●「国民」人権規定(憲法第三章)の陥穽

このような歴史をもち、戦後補償などの侵略の反省を少なくとも国家的にはほとんど何もしないできた日本。日本ははたして、他国、他民族に平等な他者として関係することができるだろうか。少なくとも日本国憲法ではそうはなっていない。憲法第三章には「国民の権利および義務」が書かれている。例えば一四条(法の下の平等)では「すべて国民は、法の下に平等であって、人種、信条、性別、社会的身分又は門地により、政治的、経済的又は社会的関係において、差別されない」となっている。憲法の起草のとき、アメリカはこの「国民」を「すべて人は」とかにするよう要求した。欧米の基本法では、特に基本的人権の規定については「すべて人は」「何人も」「各人は」「市民は」などである。例えば、「すべての人は法の前に平等である」(ドイツ連邦共和国基本法第三条)などだ。これに対し日本側は「国民」の表記をゆずらなかった。そして結局「国民は」となったのである。これでは日本国民(国籍に登録している者)以外で日本に居住する在日外国人等は、基本的人権は保障されなくていい、差別されていい、ということになる。排外主義的な人権規定というべきか。

しかも「国民」は憲法第一章で天皇という世襲の王様を自分たちの「象徴」としていることになっている。朝鮮総督府（植民地支配）の直接の最高責任者であった天皇（制）は戦前から戦後に連続したのだ。そしてこの天皇が、一九四七年五月、日本国憲法が施行される前日、天皇の最後の勅令（直接の法律の制定）として「外国人登録令」を制定（一九五二年外国人登録法制定）したのである。その一一条には「朝鮮人は勅令の適用については、当分の間、これを外国人とみなす」と記されていた。こうして天皇はじめ日本の権力者たちは在日朝鮮人を日本の戦後「民主主義国家」の保障する基本的人権の埒外においた。日本の権力者たちは、朝鮮人民を戦前は植民地化＝皇民化政策の下で支配し、戦後は人権保障からも除外するという排外政策の下におき、自分たちの都合にあわせて朝鮮人民の基本的人権をふみにじってきたということだ。日本人の朝鮮人にたいする差別・排外主義にはこうした不正、不当な意味での法的根拠が存在するのである。

外登令には法務総裁の退去強制権が明記（一六条）されていた。日本政府は一九五〇年までの間に四万六〇〇〇人の朝鮮人を強制送還したのだ。これは在日朝鮮人が在日朝鮮人連盟（朝連）の結成など、日本の敗戦をうけて朝鮮本国の民族独立運動と連携した日本国内における反帝国主義と民族の自主性をもとめる反体制勢力として登場したことに対する排外政策に他ならなかった。こういう憲法規定を共同主観性としている日本人が「民衆のアジア」を、いま、このときから、どのようにしてめざすのかが問われてくる。

第三部——人間的自由の共同性に向けて

第一章　グローバリゼーションと軍事同盟
――経済的利害対立の軍事力によるコントロール

今は二〇〇六年二月だ。アメリカはイラク戦争を続けている。現地住民の死者は一〇万人以上、米兵も二〇〇〇人以上が死んだ。だがアメリカは未だにイラクから撤退する気配はない。リンダ・マクウェイグ『ピーク・オイル』（益岡賢訳、作品社）の分析などを見るとアメリカ資本主義は「対テロ戦争」を正当性として「石油資源争奪戦」にのりだしている。イラク開戦の前にはシェル石油の元CEO（トップマネジメント担当者）がペンタゴンに雇われ、米国企業の監督下でイラクの石油部門を開発する戦略の設計に従事した。さらにアメリカ・ネオ・コンサバティブ（新保守主義）で、米副大統領のチェイニーが一九九五年CEOとなった、石油サービス会社、米軍に軍需物資を供給する巨大軍産系企業であるハリバートンが、イラクで戦争が起きた際に油田火災を消す計画をたてたり、同国の諸施設を再建するため数百万ドルにのぼる事業を発注したといわれている。こう見てくるとアメリカ資本主義の石油戦争はイランなどの中東の大油田地帯をおさえるということへと展開してゆくという分析もうなずける。アメリカ資本主義はかかる戦争政策によって自国の大量消費文明を維持するという国家意志を貫徹すべく「温室効果ガス排出削減のための京都議定書」（この評価については本書第三部第二章参照のこと）への調印をも拒否する事態も生み出しているのである。

石油は現代文明の基軸的な資源だ。だが「ピークオイル」といわれ、石油産出量の減少が構造的に予測される今日、大量消費・大量生産の産業社会を維持しようとする資本主義経済にとって、この資源をめぐる問題に国民国家の主権的な権力がどういう政策をたてるのか、どのように石油資本―軍産複合体の活動を保障するのか、その戦略がとわれているのである。イラク戦争もその一つといっていいだろう。それは戦争による住民の死と劣化ウラン弾などによる人間生態系の破壊を生み出している。そしてその戦争の主体はアメリカを始めとした国民国家の軍事的主権にほかならない。もちろんその国家群に日本も参加しているのである。

●アメリカ資本主義とその世界的位置

アメリカは資本主義であるがゆえにグローバルなのである。

例えばつぎのような現実が指摘されるべきである。

「ダッカはここ一五年の間に二一〇〇万人もの人たちの強制労働収容所となった。衣服縫製業がいまではバングラディシュの外貨の七五％を稼いでいる。……バングラディシュでは衣服を完成させるだけで、機械も材料も（生地からアクセサリー、ボタンやファスナーにいたるまで）インドネシア、台湾、シンガポール、韓国、マレーシアから運ばれてくるからである。労働力はバングラディシュの「比較的優位」の源泉である。二〇〇〇以上ある町工場の多くは、労働者が住むスラムにそびえる、光り輝く宮殿のようである。カルフールやウオルマートを含め、欧米の大規模なバイヤーは、ここで在庫を調達する。

労働者たちは一二時間交代で働き、注文に間に合わせるために、時には一晩中工場にいる。女性たちはしばしば侮辱をうけたり殴られたりする。数多くの労働組合が存在するが、そのほとんどは所有者側と癒着している」(ジェレミー・シーブルック『世界の貧困』渡辺景子訳、青土社。原書は二〇〇三年刊、一二五頁)。

このような事態が世界大的に展開されている。資本は生産に必要な「費用価格」を抑えることでよりおおくの利潤を得るために資本間競争をたえず意識している。生産技術・設備・資材・労働賃金の面で利潤率が高くなるように生産計画を設定する。企業が同一の市場生産価格で商品を販売した場合、より生産性の高い資本は高い利潤率――超過利潤を、低い資本は低い利潤率を得るということになる。この資本間競争を勝ち抜くため資本はよりベターな生産性の高い条件で生産しようとする。賃金・労働条件での格差はこうした資本間競争の動機により意識的に保持されるのである。

就業年齢などの社会的規制がきびしくなく、化学物質の使用基準や汚染排水排煙などの環境規制などでの基準が低く、賃金も低いコストでよい地域、資本にとって「費用価格」の安価なところでの生産を追及する。もっと安価なところがあれば、工場は閉鎖され、失業者が町にあふれることになる。それらは開発途上国がグラウンドになるが、さらにそこで新たな労働者階級を産出するという方法ではなく、農民のままで雇用する。生産計画の都合で過剰になった人口を合理的に生産過程から排除できるようにするためだ。こうして労働力に対する資本の合理的な管理をおこなうということになる。資本の運動はかかる方法によって市場生産価値（費用価格（賃金も入る）＋平均利潤）において、より利潤をあげようとする運動だからである。巨大独占資本はこの運動を世界大において展開する。アメリカは世界的に展開する自国系巨大独占企業の権益をさまざまの「ルール」や規制をつくって保障し防衛せんとしてきたのである。

まさにアメリカにとっての国際秩序とは、資本蓄積と資源開発のための秩序である。石油の獲得をめざし中東における戦争を開始しているのである。米巨大石油会社を総括するアメリカの石油管理権の独占を目指しているのだ。このためイラク戦争における有志連合が形成されているということでもある。

まさに戦争はアメリカ市民社会の欲求に依拠するものに他ならない。ＯＥＣＤ（経済開発協力機構）は二〇〇六年一月、アメリカに温暖化対策で改善勧告をだした。アメリカの温室効果ガス排出は九〇年比で一三％増加している。一人当たりの排出量は加盟三〇国の中でトップである。課税などの手段でエネルギー効率を高め、二酸化炭素などを一九九〇年の水準まで落とすことを決めた気候変動枠組み条約の遵守を求めている（「日本農業新聞」二〇〇六年一月一二日付）。まさにアメリカはどこまでもアメリカン・ウエイ・オブ・ライフを展開し維持しようとしているのである。このための石油争闘戦なのである。

アメリカの温室効果ガスなどの環境問題では、この石油問題や軍事的主権の行使とまさにエコロジカルに関係する問題がある。高性能のジェット戦闘機や爆撃機は一時間の飛行あたりで数千リットルから一万数千リットルの燃料を消費する。軍事用の石油燃料の消費は莫大なものである。日常的な軍事活動での環境汚染、そしてイラク戦争などでの環境破壊、劣化ウラン弾の大量使用などを考えると、アメリカと日本を含む同盟国が行っている軍事的環境汚染は、地球温暖化に重大な影響を与えていることがわかるのである。こうして米軍産複合体の利益は地球を破壊しているのである。だがこのアメリカが世界資本主義を牽引している。

アメリカはアフガン―イラク侵略戦争を「自衛権」の行使を正当性としてはじめた。そして国際秩序の防衛のための「イスラム原理主義過激派とイラク・イラン・北朝鮮など悪の枢軸国に対する対テロ戦争」という規定は「有志連合」が共通の目的をもってアメリカの戦争に参加する正当性をつくった。そこで基調となっていることは「集団的自衛権」（攻守同盟）に他ならない。イラク戦争当初の場合は国連決議はできなかった。先制攻撃が発動された。〈帝国の秩序を根底的に否定する「悪」〉としてブッシュは「悪の枢軸」を規定したのであり、それはアメリカにとって「帝国」（世界資本主義）の秩序を守る権利の行使であった。

アメリカは「帝国」の警察官として戦争をおこなってきた。湾岸戦争は国連決議でもって発動された。対セルビア・コソヴォ空爆はＮＡＴＯ軍により、「人道的介入」という正当性により行なわれた。

イラク戦争開戦はアメリカの単独行動主義だ。だがそれは資本主義にとってはなんら特異な行動ではなく、その世界資本主義的諸関係のあるヘゲモニー集団の利益を表現すべく選択された――つまり、ほかの選択肢もあるということだが――行動なのである。

●第二次大戦後世界とアメリカの役割――資本主義〈国家同盟〉の形成

ここでアメリカの戦後資本主義における展開を概略しておこう。

複数の資本主義国は世界資本主義の諸関係の中で経済対立をくりかえしているが、この世界資本主義体制そのものは共同で維持する必要があると考えている。戦後その共同防衛のヘゲモニーを形成したのはアメリカである。戦後世界資本主義はアメリカ体制として形成され展開してきた。アメリカ帝国主義は対ソ共同防衛を、日米安保を中心としたアジアの軍事体制、西欧―NATOなどの基軸的な軍事体制としてつくったのである。アメリカは共産主義（スターリン主義諸国）に対する反共の国際的主権を形成。ソ連はこれに対してワルシャワ条約機構を形成。ソ連への東欧諸国の主権的従属をもって結束し帝国主義と対抗するという冷戦へと突入したのである。

このアメリカを中心とする共同防衛同盟は他方でアメリカが他の資本主義国との対立・市場競争を牽制し、アメリカから自立化しないようにするためのシステムとしてあった。そしてソ連の包囲網はソ連と第三世界における勢力争いに勝ち抜きヘゲモニーを拡大して第三世界に新植民地主義支配を展開するために必要な布陣でもあった。

この世界資本主義＝アメリカ体制の中で、経済社会的ヘゲモニーとして組織されたのがIMF・GATT体制に他ならなかったのである。IMF・GATT体制は、後述するように第二次世界戦争がブロック化でおこったことの経緯から、それとは反対に自由貿易主義を位置づけるためのものであった。世界の共産主義化を阻止するための資本主義各国の共同防衛体制を標榜し、例えば国際収支が悪化した場合、為替相場の切り下げなどをおこなう可能性がでてきたときはIMFが資金供与をおこなうというルールができたのだ（一九六〇年代当時において、この世界経済の諸関係を分析し、日本新左翼運動に多大な影響を与えたものとして岩田弘『世界資本主義』未来社がある）。

もともとアメリカは第二次大戦が終了したのち、マーシャルプランでヨーロッパの復興を援助した。またガリオア・エロア資金で日本資本主義の復活を図った。そうしなければソ連圏に対抗できなかったからだ。だが、それはアメリカと競争する資本主義国を復活させることになった。国際通貨としてのアメリカドルは、欧州・日本に支出された。アメリカが輸出超過の貿易をおこない、自国にドルを還流させている間は問題なかった。だが日本・西独などの国際競争力が増してくると輸出超過は次第に縮小した。アジア諸国にも対ソ対中戦略としてドルを投下したが、各国資本主義の競合にさらされ輸出は縮小したのである。ベトナム戦争の戦費をはじめとする「反共軍事戦略」での膨大な軍事費もアメリカの財政を圧迫した。こうしてアメリカにドルが還流しない構造がつくられた。ドルは金兌換請求権があるからアメリカから金が流出する。アメリカは金兌換停止を宣言し金一オンス三五ドルのブレトンウッズ体制は崩壊したのである。だがアメリカ体制は資本主義国間の矛盾をはらみつつ、「対ソ包囲網」というところで共同防衛同盟を形成し協調することをしいられていたのである。

一九八五年のプラザ合意もそのひとつだろう。各国資本主義（G5＝米、日本、ドイツ、英、仏）がアメリカの貿易赤字の縮小を目的に貿易黒字国の内需拡大を図ることなどで合意したものだ。主要国はドル高を是正するため協調介入し、主要国の通貨レートの調整（ドル安誘導）をつうじドルは例えば対円レートで一ドル二三八円であったものが、一年後には一五〇円台前半へと下落したのである。こうした政策協調はドルを基軸通貨としたアメリカ体制を維持することで国家間の利害を調整しソ連に対する同盟を確認するという意味があったのだ。

●冷戦後世界資本主義とアメリカの体制維持策

だがソ連東欧圏が崩壊した冷戦後、欧州資本主義はアメリカとの同盟から自立化の道を模索し始めた。日本もアジアにシフトしはじめた。アメリカは欧州諸国がEU―ユーロ通貨に向かうことに対して帝国主義間の談合装置を形成しなおす必要があった。アジアには冷戦が残っていた。中国と北朝鮮だ。アメリカはアジアでは、日本、韓国などと安保のパートナーシップをもって同盟関係を維持することができた。

だが日本に対してもそうだが、アメリカは自らの利益に他国・他国系多国籍企業が反した場合、制裁を発動し大きくアメリカの国際的へゲモニーへと統合する世界機関を必要とした。アメリカ（米系多国籍企業）にとって自分の利益に反する他国の政策は保護主義に他ならない。利害対立する自由主義はどちらもが自由を主張し、相手を保護主義だとけん制するのである。ここに対ソ包囲網に変わる同盟、談合装置としてＷＴＯが確立するのである。それはアメリカの軍事戦略と両輪である。

「対ソ包囲網」には世界資本主義にとっての正当性の根拠があった。アメリカ一国の国家的利権ではなく「世界の自由を共産主義から守る」という「反共十字軍」という秩序イデオロギーである。

これと同様にアメリカ体制と世界資本主義はなにがしかの「正当性」を根拠に結束する必要があった。この機構がWTOなのである。

それはアメリカの湾岸戦争以降の政治的スローガンであった「世界新秩序」を経済社会的にコントロールし、今日的には「対テロ戦争」という戦争の「正当性」を支援するものとして存在している。

●アメリカ体制を維持する談合機構としてのWTO

WTOはGATTが自由貿易での多国間利害を相互の利害を一致させるという基準でルールづけしていたことをさらに自由化し、非関税障壁（加盟国の国内規制）を制約し、これに違反措置をくわえることができるシステムとして成立した。知的所有権やサービス貿易なども自由主義阻害要因（紛争）があれば措置の対象とするという「法」が「正義」とされている。

（事例一）例えばアジア・ラテンアメリカなどにおいて多国籍企業は自然に現地の共同体がはぐくんできた動植物―種子などを、資本によって自然にある所与の用材・財とし、これを「知的所有権」―特許として商品化している。多国籍企業によるこれら遺伝子資源などの生命体に対する特許権の主張により、資源そのものの所有者であった現地農民は利用すれば特許侵害で訴追されることになる。企業は特許権使用料の請求ができるのである。

（事例二）国民経済間の自国産業―環境規制での問題もある。

WTOでは「非農産物製品（NAMA）」交渉というものがなされているが、途上国に対する工業製品の輸入関税を引き下げるなどが課題となっている。さらに「非関税障壁」として省エネ対策やエレクトロニクス・車のリサイクル法などが規制緩和・撤廃の対象になっている。有害化学物質ではEUが指定している酸化ニッケル、酸化水銀などを規制撤廃の対象にしている。ノルウエー・エジプトなどは魚が捕獲された場所をラベルで表示することに反対している。漁業捕獲の管理をさまたげ、漁業資源の枯渇への危機感よりも量産―市場原理が優先されている。イギリスの小型車への税免除に対してもアメリカはその国際化を阻止しようとしている。アメリカはこのほかにも宝石の原石などを自由化し、鉱物資源の市場化をすすめようとしているのである。これらはWTOに参画する国家が資源枯渇やその防止のための環境基準など関係なく自国権益を少しでも広げようとして、利害をやり取りしているという様相をはっきりとしめすものである（「北沢洋子の国際情報」ホームページより）。

（事例三）国民経済間の貿易の輸入規制での問題。

韓国は日本がノリを輸入制限していることに対して「貿易自由化ルールに違反している」としてWTOに提訴した（二〇〇六年一月現在係争中）。ノリへの輸入割当制度（数量・金額に上限を設ける）を採っているのは先進国では日本だけだ。韓国が提訴した理由だが、日本は近海でとれる水産物の一七品目の輸入を規制している。ノリの輸入枠は二〇〇四年度まで韓国産だけが認められてきた（国内生産比の二・四％。二億四〇〇〇枚）。だがノリの量産国である中国がこの規制を批判したため二〇〇五年度からはすべての国からの輸入を認めたのである（四億枚に増量）。中国産と韓国産では中国のノリの方が価格は安い。韓国は価格を今よりも柔軟化でき、売り上げ水準を維持できるために、日本がおこなっている輸入割当制度それ自身の撤廃、完全な自由化をもとめたということだ。この韓国の提訴が認められるならば、日本のノリ産業の経営者・生産者は、日本の国家権力の頭を飛びこえて、打撃をうけることになる。最近はやりの「超国家」論との関係で言えば、国民（経済）を国家が守る契約を履行できないことになるので、国民経済を超越した「超国家」の説明としてわかりやすいが、これがWTOを通じた国民経済間の調整、かかる代表機関によって国際的な価格格差を調整する機制なのだ。

紛争解決の議決においてはWTOでは裁判所に等しい権限をもつ上級委員会の決定をネガティブ・コンセンサスによって採択する。つまり全加盟国が反対しないかぎり、採択される。だからアメリカが自国系多国籍企業のために制裁を提案することはあるけれども、加盟している小国がアメリカを提訴して勝訴するというケースも事実あるということなのである。

つまりアメリカも負けることがあるという「民主主義的形式」が存在している。

こうしてWTOは加盟各国、とりわけ先進資本主義国の利害調整機関として定立したのである。この前提の上で例えばアメリカはWTOに提訴し相手国が敗訴しても、相手国がこれに従わなかった場合、スーパー三〇一条（包括通商法）の適用をおこない、報復措置をとってきた。自国権益と米系多国籍企業の利害をまもるためのものである。アメリカのWTOに提訴する数は他国よりはるかに多い。こうした超国家的と思えるシステムをつうじてアメリカは自己の利益を保持しているのである。

WTOの実権は「グリーンルーム」（非公式会議）が握っている。これがもっとも行動的な団体ということになる。アメリカ、日本、EUを中心に二〇位の国が参加する。だから一般理事会などは擬制だ。WTOは複数の指導的な資本主義国の合意の場なのである。このような経済的な主権の複合を基盤として、現在の資本主義諸国の集団安全保障体制は形成されているのである。

●アメリカのWTO攻勢と超国家現象

アントニオ・ネグリらの『〈帝国〉』（前掲）を紹介している文献に、杉村昌昭の『分裂共生論』（前掲）がある。ネグリらが「帝国」と定義する事態とは、何なのかをフランスの例によって説明している。

一九九九年、フランスのジョゼ・ボヴェによる、マクドナルド店破壊行動はなぜおこなわれたのかという問題である。EUが成長促進ホルモンをつかった米加の輸入牛肉を安全ではないと拒否したことに対し、アメリカはWTOに提訴し、勝った。アメリカは欧州産のいくつかの品目に対し損害額に相当する制裁課税をかけた。ボヴェたちの協同組合でつくったオックフォール・チーズには一〇〇％の関税がかけられ彼らは多大な不利益をこうむった。フランス国家権力の頭を飛び越えたWTOの自由主義・市場原理主義に異議申し立てとしてボヴェは行動を起こした、ということだ。このフランス国家権力の無力性が問題になるところなのである。

「ボヴェに言わせれば、自分たちが生産協同組合でつくったチーズの流通が、フランスの国家権力をこえた超国家権力の決定で妨害されること、つまり『WTOの市場原理』に自分たちが脅かされることへの異議申し立てなのだというのです。これが〈帝国〉の構造なのです。……ジョゼ・ボヴェはジョスパン首相に会いに言った。するとジョスパンは『それはわれわれの権力を越えた超国家的な決定だからいかんともしがたい』と答えたということです。これが〈帝国〉のひとつのわかりやすい説明なのであって、世界中でこういった事態が進んできている」(同、一八〇～一八一頁)と述べている。

「帝国」という現象としてはとてもよく理解できる事例だ。だがこの「超国家権力」という概念が問題となるところなのである。このような事態がネグリによって「主権の移行、国民国家がある上位の実体にむかって移行するということです」(前掲『ネグリ生政治的自伝』七九頁)と位置づけられているからだ。

ＷＴＯルールによる直接的な生産者に対する統制がおこなわれ、社会契約により守るべき国民を国民国家が守ることができないという事態が現出しているということだが、そこのことを「超国家」的な抑圧〈現象〉と考えることは納得できる。だが同時に、このような事態はアメリカがＷＴＯに提訴するということが引き金になっている。アメリカとＥＵの貿易戦争としての資本主義国民経済間の環境規制などの問題を当然ふくんだ経済政策・社会政策上の対立の結果なのである。その対立がＷＴＯ決定ということにおいてフランス国家権力が「いかんともしがたい」事態といわれるものになっているということだ。つまりアメリカは経済制裁をＷＴＯ裁定として発動するという合法性を主張したということなのである。これは国民経済間の矛盾という以外ない。だからこれをネグリがいうような「超国家」への主権的行為として、つまり〈超国家的＝帝国的な現象〉ではなく〈国家の概念〉として規定することには無理があると私は考える。

●古典的帝国主義概念──そのケーススタディ

アントニオ・ネグリらの『〈帝国〉』では〈帝国〉と「帝国主義」は二つの点で決定的に相違する概念（前掲『〈帝国〉』四〜五頁）だといわれている。

「帝国主義」とは「ヨーロッパの国民国家による、それ自身の境界を越える主権の拡張のことだった」。それは「近代の国民国家システムによって規定された境界は、ヨーロッパの植民地主義と経済的拡張にとって根本的なものであった。国家の領土的境界によって権力の中心が確定され」たと定義される。

だが「帝国」とはこれとは違い、「脱中心的で脱領土的な支配装置」であり「その指令のネットワークを調整しながらハイブリッド（異種混交）的なアイデンティティと柔軟な階層秩序」をもつ。つまり階層秩序だがネットワーク状の組織だということだ。「帝国主義的な世界地図」は帝国主義列強の支配で国別に塗り分けられていたが、その色が「グローバルな〈帝国〉の虹色のなかに溶け込んでいる」というわけだ。

現在的にネグリらの「超国家＝帝国」が成立しているかどうかについては、本論は論理的に成立しないという立場だが、たしかに現代資本主義は例えば三〇年代の帝国主義とは異なっているだろう。そこで古典的帝国主義の概念をここでおさらいしておこう。

●古典的帝国主義における主権国家の構成

二〇世紀のはじめレーニンが定義した「帝国主義」の概念を見てみよう。レーニンが対象とした帝国主義とは「(1)生産と資本の集中が高度の発展段階に達して、経済生活で決定的な役割を演じている独占体をつくりだすまでになったこと。(2)銀行資本が産業資本と融合し、この『金融資本』を基礎として金融寡頭制がつくりだされたこと。(3)商品の輸出とは区別される資本の輸出が重要な意義をもつようになること。(4)資本家の国際的独占体が形成されて世界を分割していること。(5)巨大な資本主義列強による地球の領土的分割が終わっていること」(前掲「資本主義の最高の段階としての帝国主義」七五八頁)であった。この場合帝国主義は植民地の経済的・政治的・軍事的獲得を特徴としていた。帝国主義国家による資源と市場の分割をめざした戦争がおこなわれた。帝国主義は保護関税政策によって自国の産業を育成し貿易―資本輸出に有利な条件をつくりだした。例えば、第一次大戦は工業力で後退しつつも植民地帝国の地位を確保しているイギリスと工業力で発展しつつも植民地の領有では劣勢に立っていたドイツとの植民地争奪戦争を軸として展開した。レーニンはこれを帝国主義の不均等発展と定義し、その力学が植民地の再分割を不可避に起こさせると論じたのだ。一九三〇年代にはブロック経済をしくようになる。こうした帝国主義のポイントは帝国主義国家の軍事占領まで含んだ植民地統治支配が資本家団体の市場獲得の前提とされているということだ。つまり国家主権が資本の世界的運動の主権を握っているということだ。

●一九三〇年代における国家独占資本主義政策の展開

宇野弘蔵の経済学（『宇野弘蔵著作集』九巻など）に基づけば次のように分析できる。

例えば一九三〇年代の世界恐慌は、一九一七年ロシア革命に対する帝国主義国家の直接的な政策的動機に淵源する。欧米列強は革命ロシアとの対抗上、自国の革命勢力に対する対応にせまられた。ロシアから自国に飛び火してくることを恐れたのだ。このときにとられた政策が労働者と農民との分断である。そして失業・食糧問題の解決を目的に自国農業保護政策―小農保護の政策をうちだした。だがこのことを通じ、農業国に農産物生産の過剰が生じたのである。工業国は農産物を農業国から輸入しなければならない関係にありながら自国農民保護のために自由化できない関係になった。農産物の慢性的な過剰は農業不況を深刻化させ、「後進」農業国に国際収支の悪化を生み出すことになる。アメリカは農業国でもあったからこの政策はとりやすかったが、農業国には資本輸出による危機回避策をとった。だが、それは農業国の債務の累積を生み出し、資本輸出も困難になった。農業諸国はかかるなかで農産物価格の崩落をつうじ農業恐慌へ突入する。他方で先進工業国は過剰生産による商品の過剰―価格低下を現出し恐慌に突入した。失業者は増大し賃金は大幅に低下した。職を失い生活破壊がすすんでいるときに、農産物の価格も下落したので、農業製品の価格を維持するために農民は作物を廃棄しなければならなかったのである。一九二九年世界恐慌が勃発した。帝国主義国は国際金本位制を離脱して管理通貨制に移行。アメリカのニューディール政策をはじめとして国家独占資本主義政策による赤字公債発行をつうじて大規模公共事業をおこし、過剰資本の処理をはかり景気回復策がとられる。他方でブロック化をすすめていくことになる。米―アメリカ大陸。フランス―アフリカ。イギリス―アフリカ・インド、日本―中国などといったようにである。

このようなブロック化の原因は政策的にみれば、各国がバラバラに平価を切り下げ、輸出品の低価格化をはかり、外国通貨との交換比率を自国通貨安となるように変更し、市場の競争力を維持しようとしたことにあった。だから各国が切り下げ競争することになる。各国が別個に為替管理をしていたことが問題だった。主権国家はそれほど絶対的だったのだ。

日本の場合、恐慌後の経済政策として鉄鋼業を中心とする重化学工業化が軍需生産を主力として展開した。つまり軍備拡張をバネとしたものであって、過剰資本の処理を植民地経営にもとめていくものだった。かかる工業化の原料、機械は、イギリス、スターリング・ブロックなどから輸入したものだった。だがイギリスは日本商品のダンピング輸出（農村過剰人口の形成によって可能になった低賃金構造に根拠をもつ）に対し輸入制限措置をとるなど対立を激化させていくのである。こうして日本は欧米資本主義と対決し、独自の資源・市場を形成するためのブロック化を「大東亜共栄圏」としてめざすようになるのだ。

この帝国主義のポイントと現在の帝国における資本の脱国家化したありよう、さらには世界市場を国別に「色分け」できず、「帝国」の虹色を描いている構成は確かに概念的に違ったものという以外ない。

だが国際資本主義の側には「保護貿易主義は戦争である。自由主義は平和である」という考え方がある。帝国主義間の対立を大戦争に転化しない安全装置として戦後の世界システムが開発されたのであり、それはあくまでも国家間の「共同防衛同盟」として展開してきたのである。

●「メトロポリス―サテライト」から世界自由主義への展開

戦後世界資本主義は、第二次大戦までにつくられた膨大な費用のかかる政治的軍事的な植民地経営から転換し、新植民地主義といわれる体制に転回した。ソ連東欧圏の形成と国際的な反帝国主義闘争の展開に対する同盟という意味をもったこのＩＭＦ・ＧＡＴＴ体制は、旧植民地に国家主権を認めたが、同時に帝国主義国は後進諸国に経済的な下請け的構造を組織した。例えば日本とアジア諸国との関係がそうであった。後進国は工業化のためのインフラ整備を先進国から借りた借款で事業発注するが、この事業を先進国の企業が受注する。この債務は高金利だった。高利貸と同じように債務返済のためにまた貸し出すことで雪だるまのようにふくらんだのだ。さらにこれを基盤としてＯＤＡ援助（政府開発援助）などでの乱開発が展開された。工業化の内容は先進国と〈垂直的に〉組織された、つまり先進工業国の下位に仕組まれたものであり、先進国から部品輸入（この調達のための資金が商品借款として供与された）したもので組み立てのみのプロジェクトが中心で技術移転などはおこなわれなかった。つまり完全に先進工業国に従属していたのだ。この体制の中で多国籍企業の民間直接投資が展開し、自らの「飛び地」をつくっていったのである。いわゆる新植民地主義国家は「低開発の開発」を強いられる構造をもつ。

かかるシステムの特徴は主権国家を単位とした「メトロポリス（第一世界）―サテライト（第三世界）」（中心―周辺）といわれる体制として展開した。完全に国家において貧富の差が区別づけられるような概念が成立する世界だった。だが新自由主義は先進国の社会をも競争の中に巻き込み、国家単位での「中心─周辺」という構造以上の矛盾を生み出している。例えば二〇〇五年EU憲法条約をフランスとオランダが国民投票で否決したことに、それは端的にあらわれている。公的サービスの自由化、資本と労働力の移動の自由化など、労働市場で労働者に競争を強いることにより、結局は低賃金をつくり出す以外ない。まさに、かかる新自由主義政策が、EU憲法では定められている。それに対する「否」（ノン）の表明に他ならない。さらにフランスにおいては新雇用制度の導入に反対し、数百万人単位のデモがおこっている。二六歳未満の人々を雇えば二年間は理由なく解雇できるとするこの制度もまた、労働者の間の競争を激化させ低賃金構造を組織するものに他ならない。それは先進資本主義国間の対立の激化ということに大きく規定された事態である。こうしてグローバリズムとアメリカ資本主義が問題となるのである。

●アメリカ資本主義とネオ・リベラリズム

アメリカ巨大独占企業は、世界資本主義のグローバルな体制のなかで例えば次のように展開している。

「二〇〇二年、グアテマラからの報告は次のようにのべている。『たった二年間で中央アメリカはコーヒー輸出による収入を一五億ドル以上失った。この地域の政府、コーヒー生産農民、摘み取り作業員は収入や仕事口を激減させたのに対し、コーヒー豆の最終販売にかかわる多国籍の大企業は、価格の低下のおかげもあり、収益を増加させた。プロクター・アンド・ギャンブル、フィリップ・

キリス、サラ・リー・ネスレは、合わせて合衆国のコーヒー市場の六〇％、世界市場の四〇％を支配しているが、これらの企業は損失を出していない。コーヒーでの売り上げは五五〇億ドルに達した。このうち、コーヒー豆生産国に渡ったのは八〇億ドル、世界での売り上げの一四・四％である』」（前掲『世界の貧困』一〇〇～一〇一頁）。

「昨年、世界最大の果物会社の一つであるドール社が、コロンビアの暴力事件の多い北部マグダレーナのサン・ペドロバナナ農園から撤退すると決定した」。これにより一三二〇人が失業した。「ラテンアメリカのバナナ輸出に頼る地域では、他の仕事はないに等しかった。カリフォルニアにあるドールの本社では、役員たちがバナナ生産をエクアドルにシフトさせる決定をしていた。そちらのほうがコストが安いからである。その主な理由は、適正な賃金や手当てを要求する組合が存在しないことにあった。エクアドルでは児童労働が普通に見られ、そのため女性の賃金も安かった」（同、一二八頁）。これが資本の論理が生み出す現実である。より高い利潤をあげるため効率的な「費用価格」「生産条件」を絶えず追求しているのである。それは国境をこえて選定される。

以上の事例が示しているように、まさに二〇〇五年、アルゼンチンで開催された米州首脳会議では米国主導の米州自由貿易地域（FTAA）構想は物別れに終わった。米州二〇数ヵ国から、三万人が参加して反対集会が現地マルデルプラタのサッカー場で開催されデモが果敢にたたかわれたのである。まさにこのように米系多国籍企業の権益を保障し、その社会的土台になっているものこそアメリカ国家に他ならない。

例えばドール社の先の例でいえば「この地域のバナナ・ビジネスはドール社がほとんど独占して

いる……一方で世界貿易機関（WTO）の規則はヨーロッパ連合に対し、市場をほぼ完全に開放することを強制している。そこで、EUはもはや小生産者からバナナを買う道を選ぶことができなくなった」（同、一二八頁）のである。

●日本資本などの現地国家暴力を利用した展開

アメリカだけでなく日本や欧州の企業も資本間競争で政治問題をおこしている。

（事例一）日本の多国籍企業で、GDP・売り上げトップ一〇〇の国家・企業（ワシントンDCにある調査機関IPSの作成）で一〇〇位中にランクされている伊藤忠商事はオーストラリアにおいて大昭和製紙（現・日本製紙）と株式を分かちもつ「ハリス大昭和社」を設立。二一世紀に入ってからの話だが、例えばオーストラリア・東ギプスランドでの森林で伐採した木材を現地の当社の工場で木材チップへと加工し日本に輸出。州政府は安価な価格の伐採権料と道路建設などで支援。伐採反対の環境保護運動へは警察の逮捕弾圧があいついだ（熱帯林行動ネットワーク（JATAN）ホームページより）。一九八〇年代には三菱商事（これもトップ一〇〇位中の企業）が東南アジア、南北アメリカ、シベリアの熱帯雨林や原生林を破壊したことでアメリカの環境活動家たちにボイコット運動をおこされた。このコンツェルンの一つ、三菱重工業は原子力発電で改良加圧水型炉を電力会社と共に共同開発するなど、原発開発を積極的に推進してきた会社でもある（原発の危険性についてはここで繰り返すまでもないだろう）。まさに多国籍企業は環境破壊の元凶であるが、ここでも巨大独占による開発は国民国家に守られているのである。

（事例二）ドイツの多国籍企業「アルディはまた、太平洋産のエビの安売りでも批判を受けている。エビの大量養殖は、海岸地帯全体を養殖場にかえ、エコロジー的におおきな意味を持つ、マングローブの森を海岸地帯から消滅させる結果を招いている」。（クラウス・ベルナーほか『世界ブランド企業黒書』下川真一訳、明石書店、二六三頁参照）。

マングローブ林の減少は災害に対する脆弱性を高め二〇〇四年のインド洋大津波にはマングローブが茂っているところとそうでないところでは、被害の違いは歴然と違っていたといわれる。二〇〇五年の「国連ミレニアム生態系アセスメント」では過去二〇年の間に沿岸のマングローブ林の三五％が破壊されたと報告されているが、その大きな要因は多国籍企業の伐採である。

「そして住民たちがこれによって自らの生存基盤を失う危機に直面しているため、こうした養殖場に反対する運動が盛り上がっている。しかしこうした運動はしばしば国家機関の暴力による迫害をうけており、バングラディシュ、マレーシア、インドでは工業的手法によるエビ養殖を可能にするため、住民の追放、逮捕、虚偽の告発、拷問などが行われている」のである（同、二六三頁）。

（事例三）ビルマ（ミャンマー）では軍事政権がトタル（フランス石油会社）、アメリカ系のユノカルによる天然ガス開発（一九九六年以降）で、採掘地域での住民の強制移住、強制労働や処刑など強権政治を展開している（同、一五六頁）。

（事例四）フィリピン・ルソン島アグノ川流域での「サンロケ多目的ダムプロジェクト」では丸紅、関西電力、アメリカのサイスエナジーを共同出資者とするサンロケパワー社（ＳＲＰＣ）を事業者として展開されてきた。一九九八年工事着工。ＳＲＰＣに日本輸出入銀行（当時。現在の国際協力銀行)、東京三菱、富士、住友などが五億ドルの協調融資。七八一世帯が立ち退きを強いられた。二〇〇二年ダム湖への貯水が開始された。現地ではさまざまな問題が起こった。ダム建設のための採石作業・露天掘りの掘削作業によって水位が下がり、灌漑地まで水が上がらなくなってしまい農業用水が不足し、水稲作農家の収穫を直撃している。貯水開始以降、アグノ川自体の流水量も減少して灌漑用水が不足している。ダム建設により下流の住民の現金収入になっていた砂金採取が禁止された。こうして、巨大ダム開発は現地住民の生活を破壊し、その水土的環境の変化によって地域生態系を破壊しているのである。現在、日本政府は「アグノ川統合灌漑事業」に円借款事業としての融資を検討している(FOE JAPANホームページ参照)。

フィリピンでは二〇〇五年だけでも五〇〇人以上の人権活動家・ジャーナリストなどが国軍などに暗殺され、一五〇人以上の人々が行方不明になっている。日本はかかる開発独裁政権に巨額のODA援助をしてきた。その一つとして「戦略援助」、「テロ対策」と称して指紋識別装置などを提供しているのである。

もう十分だろう。このように途上国では日本、欧州などの企業が現地の政府権力を媒介とした、この政治権力に支援される搾取と環境破壊をおこしているのだ。

●資本主義ライバル諸国へのけん制と日米安保同盟

世界資本主義の以上のような展開においてアメリカが「対テロ戦争」を遂行する意図はこれらの資本の多国籍的行動を複数の資本主義国をもって管理することである。そこには資本主義国相互の対抗・けん制という意味があるのだ。世界には欧州連合ＥＵ、北米自由貿易協定ＮＡＦＴＡ、ＡＳＥＡＮ自由貿易地域などの各地域共同体がある。ユーロが通貨としてドルに対抗している。アジアではアジア基軸通貨が日程となっている。この世界で、アメリカにとっては軍事的ヘゲモニーを維持する必要があるのだ。

アメリカの軍事同盟の内部においても資本間競争が当然、組織されている。日本の自動車企業はアメリカ国内でアメリカ車と熾烈な競争を展開している。アメリカでは例えば自動車部品メーカーであるソロモン・テクノロジーがトヨタのハイブリッド車「プリウス」を駆動技術が特許侵害にあたるとしてＩＴＣ（アメリカ国際貿易委員会）に提訴するなどが起きている。個別資本は国家の保護を競争に利用するのである。日本では自動車はじめ製造業や金融機関、不動産をアメリカ資本が買収している。日本の支配層は海外投資のためには日本への外資の流入をむしろ誘導している。

国家間の経済的対抗関係は、例えば石油資源をめぐる攻防でのイランのアザデガン油田をめぐる日本とアメリカの対立に明らかにあらわれている。日本がイラク派兵をしてはじめてアメリカは日本の開発を容認したのであった。イラク戦争への参戦は日本にとって中東油田の確保という意味をもっている。

アメリカは自由化を要求し日本に毎年一〇月、『年次報告要望書』を提出。郵政民営化などの個別産業分野の民営化・規制緩和にはじまり、行政改革、情報公開などを要求している。これを通じアメリカは日本への大規模な製品輸出、資本参入をしようとしているのである。アメリカが最大出資国であるＩＭＦは日本をＩＭＦ管理のもとにおき、徹底した合理化と自由化を組織しようとする計画さえ作成している（ネバダ・レポート）のである。現在日本は財政赤字のアメリカに対してアメリカ国債を六八〇〇億ドル以上買い支えており、これはイギリスの一三〇〇億ドル、中国の二四〇〇億ドルを抜いて第一位だ。このように対米同盟はかなりつよまっているのである。こうした資本主義国の市場「争闘戦」はアメリカ、日本、ASEAN自由貿易地域、EU（諸国間にも対立がある）、ロシア、中国との反発と相互依存という態勢において展開されているのだ。

アメリカにとって「対テロ戦争」とはこれらの対抗諸国がEU—NATO、日本—安保以外の、つまりアメリカへゲモニー以外の軍事・政治的へゲモニーを確立するような意図をおこさせないことであり、独立した軍事力をもつことを封じ込める意図をもつのである。とりわけEUの経済的伸張が世界政治のへゲモニーを把握することを軍事力によってけん制するという体制にはいっている。

例えばアメリカは「イラクなどの『ならず者国家』はヨーロッパにとって脅威になっているが、客観的にみて、アメリカほどの脅威にはなっていない。これは何よりもヨーロッパの安全をアメリカが保障しているからである」（ロバート・ケーガン『ネオコンの論理』山岡洋一訳、光文社、四六～四七頁）とEUへのけん制を強めているのである。

アメリカはかつて対ソ戦略を軸に資本主義諸国の同盟関係を維持し、そうすることで他の資本主義との対抗を有利にすすめた。今日それは対テロ戦争を機軸に他の資本主義国との対抗を戦略的に保持するものとして展開しているのだ。「予防戦争」、セキュリティーがいわれるアメリカの戦争は、「対テロ戦争」とセットで他資本主義国への政治的けん制というアメリカが一貫して課題としてきた戦略を貫徹することを目的としている。だから戦争は永続化するということになる。中東や朝鮮半島における緊張が解けないことがそういう戦略を保持することになるのである。

アメリカ国防総省は二〇〇六年二月に四ヵ年国防報告（ＱＤＲ）を発表し、「対テロ戦争」を基調とした米軍事戦略を展開している。

「大量破壊兵器を保有するか追求する多数の潜在的敵対国家」としてイラン、北朝鮮を名指し、「米国に直接的な軍事脅威を提起しないとしても、兵器とその技術をテロリストに渡すことで米国と同盟国を脅かすことができる」とする。そしてこれらの敵対国家が「紛争途中あるいはそれ以後、勝利したアメリカ側の安定化努力を阻害するため、アメリカと同盟国に対してこれらの兵器を先制的に使用し得る」。「このような超国家的脅威が成熟する以前に粉砕・敗退させる接近法を開発」するとしている。

このため大量破壊兵器除去のため、三〇〇〇名以上の特殊部隊を海兵隊に新設するなどとしている。「本土防衛—テロとの戦争優位及び非正規作戦遂行—在来式戦争遂行と勝利」という戦略目標を設定し、「二つの戦争」を同時に遂行する軍事体制を維持するとしている。さらに中国に対する「長距離打撃兵器」の開発を提起しているのである。

こうした米世界戦略はアメリカと同盟国の協同作戦として展開されることに意味があるのである。それによって全世界的な戦略に他の資本主義国を巻き込み、他の政治的へゲモニーをつくらせないのみならず、軍事燃料などの資源、軍事的財をその諸国から調達することができるのである。こうしてアメリカは中東のみならず朝鮮半島、中国、キューバ・ベネズエラなどの中南米地帯（いわゆるアメリカがいう「権威主義政府」）を射程にいれた戦略を構想しているのである。

日本資本主義はこうしたアメリカに対して「東アジア経済圏」でのヘゲモニーを形成していくためにアメリカとの同盟を利用しようとしている。日本が「非米」アジアをいうアジア諸国のイニシアティブに対し独自性を確保する意図がそこにある。

米国防総省発表の「二〇〇四年共同防衛同盟寄与度統計表」によれば日本は米軍に四四億一一三四万ドル、駐留米軍経費の七五％にあたる思いやり予算（政府予算による直接経費と税金、賃貸料、手数料の減免などによる間接経費）を計上している。これはNATOを含むアメリカの全世界同盟国二六ヵ国が負担した総額八五億ドルの五〇％以上である。第二位が韓国で全同盟中の九・九％を拠出している。ここからも日米・米韓の軍事一体化の現実がみてとれるだろう。日米の安保協議2＋2では、米軍横田基地への航空自衛隊航空総隊司令部の移転など自衛隊と米軍の機能的で組織的な司令部をはじめとする連携と一体化がいわれているのである。日米安保軍が実質的に形成されようとしている。このように「対テロ戦争」は資本主義国間の経済的政治的ヘゲモニーをめぐる相互のけん制という利害をもって、永続化しようとしている。経済的矛盾を軍事的な方法で複数の資本主義国でコントロールするのが現代の帝国主義である。だからこの戦争をやめさせるためには、もはや資本主義世界に対して「もう一つの世界」を対置する以外、根本的な解決はないのである。

第二章　「環境的主権」の確立を

――エコロジカル・ソシアリズムの論理

●貧困と差別、環境破壊……

本書の以上の展開を踏まえたこの結語章は、こうした「国家―主権」という機制の分析をふまえつつ人間的自由とそれを実現するラディカルな共同性とはなにかを考察するものとなる。それは本論においては「環境的主権」という問いかけである。

ここでいう「主権」の〈定義〉だが、均質で画一的なルソー流の国民（人民）主権ではなく、交差する多数者の複合的「主権」、多数者による構成的権力である。それは新しい「契約」であり、人間生態系のコナトスを保つための連合である。「人民主権」から「環境的主権」へ、である。

ここで言う「人間生態系」という用法は、人間にとって森羅万象（世界現相）は既にして「価値を担う実在的所与」であり、「実在的所与―意義的価値（所識）」の「成態」として現象するという廣松渉『存在と意味』第二巻の用材的世界論の出発点での規定を継承し、人間の共同主観的分節に基づく実践的立場から地球生態系（ガイア）を規定したものである。

またこの場合の「環境的」とは環境問題を一つの柱としつつも、それに限定されない概念である。「搾取」、「貧困」、「差別」、「戦争」など一切の抑圧を包括した〈人間生態系〉にとってマイナス価値であるものからの解放を企図するところの概念である。それらの抑圧をきりはなして考えるなどできない。切り離すのはあまりにも悟性主義的である。つまり「人間生態系的協働連関」を「環境的」という概念で包括するのだ。搾取はマイナス生活環境だ、環境の破壊は生活の中で起こっている。そういう一つ一つの問題を生身の人間の主体性から見返したとき、社会科学的概念としては違う概念のように思えたものが、一個同一の協働連関的な「事」として現前してくるのである。「事」の諸関係として現象する。それこそが生活世界（レーベンスベルト）で生起する真実態だろう。わたしの身に起こっていることは搾取であり環境破壊である、戦争の時代を生きている。そしてそれは資本の蓄積運動というシステム運動を主要な契機として現として、私たちの諸関係の中に現出しているのではないのか。

このようにしてわたしたちはこの「環境的変革」のよび声に呼応することとなるのではないか。

●世界的破壊と環境的変革

世界の環境問題は今日、次のような局面をむかえている。

国連ミレニアム生態系アセスメント（MA）は、二〇〇五年二月に九五ヵ国、一三〇〇人の研究者よりなる生態系の調査をまとめ発表した。〈過去四〇年のあいだに森林・草原面積の一四%が減少し、過去三〇年間で沿岸のマングローブ林の三五%が破壊された。二〇世紀後半の数十年で珊瑚礁の四分の一がなくなり、漁業や水資源のための淡水系の生態系破壊もすすんだ。現在残存している湿地は一九〇〇年ごろの五〇%。主要河川の半分が深刻な水質汚染になっている。このような生態系の劣化で、生物種の絶滅は自然状態にくらべ一〇〇〇倍の早さですすみ、過去一〇〇年に約一〇〇種類の鳥、哺乳類、両生類が絶滅してしまった。この傾向がつづけば二〇五〇年までに草原、森林の二〇%が破壊され、自然資源をいままでのように使うことができなくなり、人間の生活は立ち行かなくなる〉ということだ。

だが、このような状況は自然にそうなってしまったのではない。大量消費・大量生産・大量廃棄そして大量輸送の高度産業社会がもたらしたものだが、それは主要には資本主義世界の資本蓄積活動がもたらしてきたものである。

以下に見るようにその責任はアメリカと日本をはじめとする先進工業国のみならず、開発途上国の開発独裁的政権、そしてただただ近代工業化をいそぐ中国共産党のスターリニスト的生産力主義路線などにも存在しているのである。

例えば中国は貧富格差の拡大とともに工業化によって世界の石炭、鉄の三割を消費、水はアメリカと同じ水準量に達しているが、そのエネルギー効率の低さが一つの課題となっている。

本書をつうじて環境問題の側からではなく、資本の国際的な資本蓄積活動―途上国での劣悪な搾取態勢そして戦争が、どれだけの自然破壊―環境破壊を生み出しているかを垣間見てこれたはずである。そこには劣悪な労働条件による人間の破壊があった、農業と共同体の自然物が多国籍資本の知的所有物として勝手に特許にされ商品的財とされてしまうなどの不正がまかりとおっていた。デニス・メドウズらによる『成長の限界・人類の選択』（枝廣淳子訳、ダイヤモンド社、一九二頁以降）では以下のように報告されている。

昔は貧しい人たちのタンパク質であった魚が、市場経済化の急激な展開によって減少し漁場がつぎつぎと閉鎖されている。個体数の回復を待つ必要があるのだ。世界で消費される魚のうち、三分の一が養殖である。ＥＵは漁獲制限をするも補償金を支払えないため、ＥＵ水域外のアフリカ沖で操業、乱獲のためアフリカの現地住民のタンパク源を奪い、雇用の機会をなくするまでになっている。

環境問題と貧困・搾取問題は一体のものである。それは国際的な資本の運動によって展開されているのだ。それは世界的な協働連関として玉突き的に矛盾をふくらましている。

著者は市場原理主義ということばは使うのには反対ではないが、この市場が資本主義的に運営されていることを覆い隠すスローガンなら使わないほうが良いと考える。資本主義それ自体を問題にしなくなるからだ。市場ではなく資本家的商品経済社会が問題なのである。市場そのものは民衆的社会的な公準の下にコントロールすることができる。環境に良いものを民主的な生産過程で人々が共同して生産し、公平な価格が保障された流通にながすとき市場の役割は変わるのである。市場の歴史は資本主義よりはるかに古いのだ。

地球は有限である。近代工業文明―モータリゼーションが生み出したエネルギーや物質の滞積、残留の吸収能力の限界――地球の生産・吸収能力の限界をはるかにこえる温室効果ガスは化石燃料の燃焼、森林伐採が主な原因だ。有害物質汚染などの廃棄物を排出できる限界、そういった限界――をはるかにこえている。

●環境＝公共財の破壊と環境負荷の重圧

例えばメドウズらには、つぎのようなシミュレーションがある（『成長の限界』大来佐武郎監訳、ダイヤモンド社、一〇九頁以降）。技術は発展し資源が二倍になる（資本主義に典型的な）条件では、資源は急激には減らないから、資本と人口の増加にともなって工業化は増大する。そのため汚染は拡散し、環境の自然浄化能力に負担がかかり環境負荷は増大する。汚染が増大すれば汚染と食糧生産の減少―食糧不足から死亡率は直接的に増大する。利用可能な資源はふえているのに枯渇する。工業化の増大によって消費されるからだ。こうして過剰生産―過剰汚染によってシステムは破局へといたるのである。大量消費文明と資源戦争に明け暮れる資本主義の未来のシミュレーションである。これはスターリン主義国家の生産力主義にももちろん該当するモデルだ。このシミュレーションにおいては所有形態は関係ないのである。

まさに今、このような報告にある地球の環境負荷ということが問題になっているのだ。この地球の供給源や吸収源についての影響（エコロジカル・フットプリント）は「その人口（P）と、豊かさの水準（A）と、その豊かさを支えるために用いた技術が与えるダメージ（T）を掛け合わせたもの」と定義される。とくに日本などの先進工業国では（T）が問題だとされるが、問題なのは工業技術が使われる工場や工業材料、その生産物、その市場への運搬といったものが、資本の大量生産・流通活動によって、なんらの規制もなく展開しているということなのである。

このエコロジカル・フットプリントといわれる指標で地球のすべての人間がアメリカの水準の生活をするなら地球が五・三個、日本の水準の生活をするなら二・四個必要だといわれる。

人間生態系がこの環境破壊の中で複合的な汚染にさらされていることは明白である。すでに一九六〇年代においてレイチェル・カーソンは海洋投棄された放射性物質や核実験での放射能汚染が食物連鎖によって人に取り込まれている状況をレポートした。アラスカのイヌイット、スカンジナビアのラップ人が体内に高濃度のストロンチウム九〇とセシウム137を蓄積していることがニュースとなっていると書いている（『失われた森』古草秀子訳、集英社）。

人間生態系の維持は水と空気の循環ということによってのみ形作られ転回している。それは「公共財」である。この基本的な財が汚染されているのだ。

酸性雨の例をとってみればよくわかる。酸性雨は石油コンビナート、工場や火力発電所、自動車、航空機などの排出する二酸化硫黄（SO_2）、窒素酸化物（NO_x）が大気中で水蒸気と反応し硫酸、硝酸に変化し、雨、雪にとりこまれて地上にふりそそぐことである。このことは国境関係なく自然界において生成することであり、諸国家は大気汚染を流通させながら酸性雨をつくっていることになる。先進工業国はもちろんのこと開発途上国の資本主義工業化はこの大気への汚染物質の排出量を増加させている。広範囲にわたる森林、湖沼、河川への汚染。これにより魚類の死滅、土壌・地下水の酸性化、建造物への被害などがあげられる。酸性化により土壌の中に蓄積されてきた有害重金属が移動を始める。例えばアルミニウムイオンが溶け出し、アルミ濃度が高くなる。植物に吸収され、土壌の中の微生物が影響をうけている。土壌の生物が破壊されることは、その土壌により営まれていた生態系が破壊されたことを意味する。このため「長距離越境大気汚染条約」などが国連欧州委員会において結ばれるなど取り組まれているが、化石燃料による大量生産という産業構造がかわらないかぎり問題は解決しない。さらに有害化合物などによる大気汚染、海洋投棄などによる汚染が深刻だ。

冷媒などに使われてきたクロロフルオロカーボンなどフロンなどの放出は、成層圏にまで上昇し、紫外線を吸収して分解し放出された塩素原子によってオゾン層を破壊する。その塩素原子によるオゾンの分解は連鎖反応する。

このように公共財である水土的環境が化石燃料の消費を中軸とした近代工業文明により破壊されているのである。これらはすべて人間生態系の中でうみだされていることであり、それを自ら破壊する事態なのである。

ここでもう少し水の問題を考えてみる。メドウズらの『成長の限界・人類の選択』(前掲、八七頁以降)では、次のように報告されている。

「二〇世紀、取水量は人口増加の約二倍のペースで増えた。しかし、しだいに水が不足してくるため、一人あたりの水使用量は、頭打ちになるか、減少する可能性すらある。……現在の世界全体の水使用量は、三〇年前に当時」計算し予測した量の「たった半分なのである」。「世界人口の約三分の一は、人口の増大や活動の拡大に伴って水の需要が増加するなど、水の逼迫度合いが『中程度』から『高い』国に住んでいる。二〇二五年までには、世界人口の三分の二に当たる人々が、水の逼迫した状況に置かれるだろう。水不足と水質汚濁は、公衆衛生問題を蔓延させ、経済や農業の発達を制約し、いたるところで生態系を傷つけている。地球規模での食糧供給を危うくし、世界の多くの地域で経済の停滞をもたらすことになるかもしれない」。

そしてさらに「水をめぐって軍事紛争が起こる可能性」を指摘し、「ある国が水の限界をこえてしまったら……近隣諸国との関係がよいかどうかによって違ってくる」など、この水問題が国際政治化することを予測（予言ではない）している。

こうしてわれわれ人間生態系の環境は、水・空気という公共財の汚染を土台として深刻な危機に直面しているといえる。

●環境の改良と京都議定書問題

これらの環境問題の是正のためには、資本は環境負荷のかからない製品を生産し売ることが必要だ。現在既に工業資本と資源配分などの合理的な運用をめぐっては、資源生産性を四倍にする技術革新＝「ファクター4」の提唱があり、欧米では開発・実用化はかなりすすんでいる（エルンスト・U・フォン・ワイツゼッカーほか『ファクター4』省エネルギーセンター）。つまり資本主義でもさまざまな技術的・市場的改良が現にすすめられている。それを否定するべきではないし、否定しても何も始まらない。「革命か改良か」といっているほど余裕はないのである。

例えばドイツ連邦環境省は電力供給の二五％が二〇二〇年には、バイオマス、地熱、風力、水力、太陽光などの「再生可能エネルギー」でまかなえるとの予測を発表した。これにより二酸化炭素（S

O_2）の排出量を一億一〇〇〇万トン削減できる。このようなエネルギー産業への投資額は今後一五年で約一〇兆円となり、産業的にも発展するということだ（国立環境研究所「環境情報提供システム」＝EICネット・ホームページ）。

こうしたことは資本主義といっても批判すべきことではない。

問題なのは環境破壊が、資本主義の資本蓄積運動に淵源し、現在もつづいており、ドイツ（―EU）のような改良の条件がまったくととのってさえいないのが世界的な現実だということである。化石燃料多消費と原子力などの近代的な環境破壊システムが、資本主義の生産の中心を構成しているということがもっとも根底的な問題なのである。

ここで京都議定書の問題を見ることにしよう。世界的にみれば環境改良主義は、自国石油多消費型構造を持続させるためのものになってしまっている場合があるということだ。

温室効果ガス規制の京都議定書に関して言うならば、二〇〇八年～一二年までの五年間に平均排出量を一九九〇年比で約五％以内に削減することを目標に、国別の削減率としては日本六％、アメリカ七％（離脱）、EU八％とされている。だが達成は見込めないと、議定書で「京都メカニズム」といわれる「補足的手段」が展開されている。温室効果ガス規制を達成した国が達成しない国に排出権を販売する「排出権（量）売買」がそのひとつだ。「京都メカニズム」が成立した当初排出権取引の制限などを訴えていた欧州でもブレアのイギリスをはじめとして排出量取引市場が形成されてきている。

日本はこの売買と、他の国に温室効果ガス削減プロジェクトでの技術供与と投資により、その結果生じた一定の削減単位を供与国である日本の成果とする先進国間での「共同実施」と、同様の内容の先進国と途上国の間での「クリーン開発メカニズム」（CDM）を組み合わせて、「排出量取引市場」を形成している。例えば日本は六％達成は無理とし、削減責任のうち一・六％（一九〇〇万トン）を外国から取得する方針だ。現在、豊田商事がロシアの電力会社と締結し発電所の改修などを通じた排出権取引を締結。つまり日本は排出削減の技術供与をするかわりに排出権をロシアから買うのである。同社は三菱商事を共同出資したナットソース・ジャパンを設立、取引市場を形成している。また「京都メカニズム」の一つである「CDM＝途上国への技術供与」ではインドの代替フロン回収プロジェクトなどがすすめられている。

こうして日本は自国の産業構造の改革を行わず、技術供与によってこの議定書の達成目標をクリアーしようとしているということだ。そのためか化石燃料の他にも二酸化炭素の排出にかける環境税（炭素税）について日本経団連は技術開発費が削減され国際競争力を劣化させると難色をしめしてきたのである。

さらに政府が策定した「京都議定書目標達成計画」などでは「エネルギー供給部門の省SO_2化」として原子力発電所事業の推進がかかげられているのである。だが原発の推進はウランの枯渇が石油などよりも早い。大量の放射能物質を排出し環境を汚染する。問題は廃棄物、汚染物質の環境負荷が問題なのである。さらに例えば東海地震の震源域の真上に建てられている静岡県浜岡原発などでチェルノブイリ原発事故のような大事故が発生すれば、東京から関西までの東海道経済域はほとんどすっぽり深刻な汚染区域に入ってしまう。チェルノブイリ事故の際、放射能雲が一三〇キロ先のキエフを直撃した。キエフでは白血病、ガンが多発するようになった。さらにイタリア、ドイツ、スイスなどが強度の汚染地域となった。三〇キロ圏内は強制移住となり甲状腺異常、白血病が三〇〇キロもはなれた地域に及んでいる。浜岡がそういう事故に見舞われた場合一三〇キロ圏では、名古屋、伊豆などが直撃される。茨城の東海原発からは東京圏が、福井原発からは関西がその範囲に入る。それより遠い半径にある地域でも放射能汚染は避けられない、日本全土が汚染されるのである。

そして原発は電気の使用量の変化に合わせた調整ができないので水力・火力発電所を増やす必要もでてくる。こうした計画が意味することは、自然エネルギーへの転換などが社会システムとしてできない状態が増幅されるということであり、だから日本政府と資本家企業の指導者たちは京都議定書を環境破壊が少ない社会に転換する一歩にするなどとはまったく考えていないということなのである。

まさに日本支配層はこの京都議定書実施問題を一つとっても石油多消費型の産業構造の転換など考えず、工業と農業、都市と農村の関係をつらぬく環境的主権システムを実現できるような方向とはまったく反対の方向でしか「環境」を考えていないのだ。いまの大量廃棄・大量輸送の社会を続けようとしているのである。エコロジカル・フットプリントの減少など彼らの頭にないのだ。

こうした状況をふまえたならば、現在の資本主義の下での環境改良主義をすべて肯定しても、地球をシステムとして資本主義的破壊から救うことはできないと考える以外ないだろう。

●環境的変革のために必要な連関と完全循環型経済

環境破壊は止められるか。メドウズらの『成長の限界・人類の選択』（前掲）に依拠すれば、次のようになるだろう。このポイントは汚染を規制することだけではだめであり、工業資源を減量させ、工場で生産される物財を減少させることである。資源枯渇と汚染を減少させるためには教育・保険などのサービス部門に経済を転換することだ。

ここでのポイントは、工業生産能力が一定指数（過去の年度モデルで生産水準をとる）を越える場合は、不変資本（生産手段）への投資を、その生産手段の減耗に対する以上には増加させず、食料生産へ、過剰になった資本をふり向ける。工業生産を規制し一人当たりに必要な食料と農業生産を組織し、都市における有機廃棄物を利用する。こうして工業資本をサービスと食料生産に移転させることで、工業資本の不変資本（生産手段）の減耗・平均寿命をおくらせ、あるいは化学的生産材料の使用を規制することで汚染を減少させるのである。この場合、生産によって使用される物質、産出される廃棄物質が将来に対して未知の危険があるかどうかを調べていくことが必要である。アスベスト問題一つとってもその重要さがわかるだろう。これを著者は「環境的変革のために必要な連関」と定義しようと思う。

生前廣松は、こうした「人間生態学的な評価基準」について「社会主義的・共産主義的な社会体制における経済活動の評価基準を人間生態系の理想的なあり方に定位して自覚的に規定することが要件」と『生態史観と唯物史観』（講談社学術文庫）の附論においてのべたが、それについては本論は計画経済は国家を増殖する、また、生態史観（生態系保護）と唯物史観（生産力主義）は一八〇度ベクトルが逆であるという立場であるので、残念ながら採用できない（『理戦』八〇号を参照してほしい）のである。

ただこの環境的変革を実現するためには、その実現のためのシステムを組織しこの社会の常識であり、規範としなければならない。だからさきにみたような「連関」を政策的に実現する方式の他に、経済の循環を責任ルールと情報のコントロールによって再組織する方法も考案される。それが加藤尚武『新・環境倫理学のすすめ』（丸善ライブラリー）でいわれている循環型経済への移行である。「先進国の未来像」というタイトルのこの提案は、次のようにまとめられる。

現在の日本の物流（マテリアル・フロー）を加藤はつぎのようにまとめている（数字は少し簡単化した）。

国内資源一二・五億トン、輸入資源原油約二億トン、鉄鉱石約一億一〇〇〇トン、石炭約八〇〇〇トンなど七・五億トン、再生資源一・六億トン、約二二億トンの投入資源が、エネルギー消費三・三億トン、生産物一三・二億トン（――国内出荷一二億トン、輸出九五〇〇万トン）、産業廃棄物四億トンに変化する。

この物流のすべてが世界的にわかれば地下水の枯渇や化石燃料のストックの量などを管理できる。個人、企業、国家が物流で表をつくれば世界全体の物流の管理ができる。この仕組みとして、「サプライ・チェーン・マネジメント」（企業の流通管理方式）が利用できる。例えばコンビニでバーコードによる入力により生産部門にデータが送られ、生産量が指示（管理）されるのである。大量の見込み生産が制御されるのだ。そういうシステムに「廃棄物処理の過程まで含めたら」、循環型経済システム、「閉じた輪になるだろう」と加藤は提起する。そしてそれを支えるものは「情報技術」、ユビキタス・コンピュータライジングであると。

このシステムが法律面での（これから後述する）「拡大された生産者責任」と結合したとき、「完全循環型経済」がつくれるとのべるのである。

「循環型経済」の定義を加藤はのべている。ある閉じられた経済システムの「輪のなかを製品が循環するという経済構造を、完全循環経済と呼ぶことにしよう。これに対して、誰かが作った製品の処分を別の誰かが引き受けるという経済構造を補完型循環経済と呼ぼう」と定義する。補完的なシステムでは生産・流通と回収・再利用などが「別々の企業体によって維持され、全体として補完的になっている」状態であると。

そこで補完型を支える法律では「包装容器リサイクル法」などがあるが、「拡張された生産者責任」という概念は入る法律はない。この「拡張された生産者責任」とは、過失責任、汚染者責任、受益者負担原則、所有者責任などの従来の責任の拡張だとされる。つまり「生産者が廃棄物となった自社製品の回収と再利用化の責任を負うとすれば、生産者は廃棄物となったときに再利用しやすいように設計せざるをえない」という考え方である。

ここからあらゆる製品が製造元に返ってくることになれば生産者は商品の循環量を予測しなければならなくなり、大量生産はできなくなる。例えば、「ある工場が廃棄物となった洗濯機を解体するときには、そこに埋め込まれたＩＣチップを読みとることで、そこに含まれるすべての資源が明らかになる。すると『ゴミ』というイメージはなくなるだろう」ということである。つまりどの生産物にも出生証明と内容の詳細な目録がついているのだ。（もう少し具体的には、この内容についてだが、次節でのべる、製品の環境評価基準を参考にしてほしい）。

現在日本は、廃棄物再生率一〇％。だが、そうすることで再回収を容易にし、高め、物流をコントロールしていけるのである。

ところで本論での問題はこの先にある。加藤尚武がいうように、そうした経済をつくるためには「政治の指導力が問われる」という問題だ。市場がＩＣチップによって廃棄物をコントロールするというのは再利用にとってかなり効果をあげるだろう。サプライチェーンは「顧客・小売業・製造業」などの「供給活動の連鎖構造」といわれる。

だが個別企業の再回収、個別リサイクルは経済効率に問題がでてくる。だから社会的に廃棄物を管理・運用するシステムにおいてこそもっとも効率のいい生産管理ができるのではないか。そして、このような生産システムを全社会的に行うためには、その社会的管理形態が作られる必要があるのではないか。

●「リサイクル・コンビナート」システム論の考察

だからリサイクルの社会的条件、倫理的考え方のみではなくリサイクルには現実にどんな問題があるかが明らかになる必要がある。

例えば少量しか排出されない廃棄物のリサイクルの場合、輸送コストや処理費用などが問題になる。つまりリサイクルには規模・メカニズムが必要になってくるのである。

本多淳裕『工業生産とリサイクル（総論）』（財団法人クリーン・ジャパン・センター、資源リサイクルシステムセンター発行。以下引用は一一〇〜一一七頁）では次のように展開している。

「一工場で同種の廃棄物を多量に排出している場合は原料の輸送費もかからず有利にリサイクルできます。多様な廃棄物が少量ずつ方々の工場から排出される場合、時期的に集中して大量に排出される場合などは、不利になっても、同種の廃棄物をリサイクル工場まで運搬して集中処理しなければならなくなります。有害物質が含まれていたり、各種の成分が混在していたり、リサイクルに特殊な装置や技術を要するような場合も集中処理しなければ対応できません」。「二種類以上の廃棄物を同一工場に集めることによって相互に利用できることも多いのです。例えば、廃酸を使った非鉄金属の湿式精錬、可燃性廃棄物の燃焼エネルギーを使った他の廃棄物の乾燥、無機性汚泥を数種ブレンドすることによるセメント原料化などが可能です」。そしてそのシステムを「リサイクル・コンビナート」と定義している。

その場合、地域住民の合意、行政指導の確保、再生品利用企業の確保が必要である。技術的にも再生品の品質保証やリサイクル装置の適正な選定をして、運営収益を産出する経済性が要求される。このようなシステムが個別企業による廃棄物の個別リサイクルの場合よりも経済的に有利になる。

コンビナートの仕組みだが、「(1) 近隣の数工場の2種類以上の廃棄物を相互利用するケース、(2) 数業種の数種の廃棄物を組み合わせて、比較的広域（府県別など）に相互利用するケース (3) 府県にまたがった広域の数種（3種類以上）の廃棄物を多角的に相互利用するケースなどがあります」。たとえば「自動車、家電製品、各種廃プラスチック、廃油、木くず、動植物性残滓、建設廃材、有機性汚泥、無機性汚泥などを対象にして、広域的に収集し、鉄、非鉄金属、舗装合材、セメント、骨材、コンポスト、燃料などにリサイクル」する。こうすれば経済性の面でも「付加価値の高い回収品や低い回収品がありますが、総合して経済的運営ができます。……廃棄物や再生品の輸送にコストがかかりますが、適正な立地ができれば、相互利用のメリットによってカバーすることができます」。こうして「従来の処理、処分のシステムより、安定して経済的に運営できるとみられます」。

このようなリサイクルを円滑におこなうためには、製品の環境評価ということが基本になる。

評価基準は以下のようなものだ。

「①主要使用資源の種類、重量、製品の重量、容量、②エネルギー消費量、CO_2排出量、③使用可能期間、品質保証期間、④生産時のSO_2、NO_x、炭化水素、HCL排出量、⑤生産時のCOD（科学的酸素要求量、水質検査のこと——引用者）、窒素、リン、各種金属排出量、⑥生産時の排出廃棄物の種類と排出量、⑦製品中の有害物質の種類と含有量、⑧製品のカロリー、⑨容器・包装の重量比、容積比（商品との比率）」。

耐久消費財の場合は製品のリユース部品、リサイクル素材名とその使用量、処分率などがあり、消耗性消費財ではリユース実施率、リサイクル素材の使用率、排水と一緒に排出する商品は汚濁程度と有害性、繊維・プラスチック・金属製品は識別表示の実施など。加工食品では容器のリターナブル化などが評価基準となる。

以上のような評価とともに、加藤が論じているように必要な項目が商品・製品のICチップに記憶されるのである。消費者は環境評価の高い商品をえらぶことができるのである。

●産業管理の公有化による環境的主権の確立

リサイクルシステムは、現在はリサイクル会社・企業によってその内容はともかくとりくまれているものである。だが根底的には資本蓄積衝動を乗り越えた社会的価値観を前提としてしかエコロジカルな社会は望めない。現在は郵政など公共部門の民営化、自由化が改革的であるかのようにいわれているが、自由競争—資本間競争がどれだけの搾取と環境破壊を生み出すかはすでに本論で展開してきたとおりだ。

著者の考えによれば、この新しいエコロジカルな社会システムは市場の民衆的統御を可能とする社会制度を不可欠なものとしているのである。つまり環境的変革を実現する「環境的主権」の実体を担うシステムである。

例えばさきにみた「リサイクル・コンビナート」システム論を有利に展開するためには、そのもっとも大本の生産を管理する制度が構築された方がよい。資本間競争を制御すること、ないしは経済効率性ということが製品の環境評価において低い製品を生産する結果を招くことを制度的に防止していくことが必要なのである。つまり基幹産業の生産水準に対する計画的な管理単位の指導が必要となってくる。

この管理単位は国家的レベルへとのぼりつめる、管理コミューンである。地域自治体のコミューン(合議体)と企業の中にできたすべての生産者(生産担当者)=労働者が共同する生産管理組合、企業家としての資本家、消費者の生産物購入のコミューンなどによる生産管理合議体がその実行委員会の基礎単位である。これによって「何をどのように生産するか。どのように廃棄物の回収をおこない。どのようなものを再生するか」を決めるのである。

例えば、〈ある工場で、生産コストにおける環境対策費をどう位置づけるかを議論するとする。排水処理、排ガス処理、廃棄物処理などの費用のことだ。その場合、この処理を工程ごと、製品ごとに評価するのではなく一括して評価、計算していた場合、特に排水、排ガスなどが大きな値をとる工程・製品を発見することができない。だからそういう工程・製品別のチェックをやり、生産方法を改善するか、その製品・工程をやめることにするのである。こうしたシステムは技術専門家のみならず生産者全員が参加した多角的なディスカッションと研究によってするのが効果的である〉（同、七四〜七五頁より援用）。これ以外でもさまざまの問題を、先に提起した生産管理合議体が検討する。グリーン・コンシューマー（消費者の環境評価にもとづいた製品評価）的活動を内包した、このようなシステムが求められている。

このシステムを有効に動かすためには企業秘密・企業機密などによる生産工程・生産方法・生産材料取引などについての一切の非公開は無条件に否定されねばならない。企業の資本間競争にもとづくこれらすべての問題を解決し、より効率よい経済的で安全な社会を形成するためには、主要産業と大企業をはじめとして工業生産に対する管理の公有化を実施する必要がある。

この生産管理合議体は農業においても組織される。地域における農業合議体の形成は、すでに全国で一万組織ある集落営農・農業集落がさらに発展することを基礎とするのである。こうして工業と農業、都市と農村の生産管理合議体は地域的にも全国的にも連結する。

　こうして例えば、戦略的に工業生産能力が一定指数以上に過剰となった場合、農業生産への投資に意識的にふりむけることができる。また農業生産の変動に対応する。例えば生乳出荷の過剰で北海道で一万トンもの生乳が廃棄される可能性が出てきたが（「日本農業新聞」の二〇〇六年二月五日付トップはこの問題）、現実に、三月末までに一〇〇〇トンが約二〇〇〇万円で産廃処理されることになった。分解して部分的に有機肥料に活用されるという。このような生乳メーカーの処理能力を超える生産量に対して製品化を計るため、全国的な対策がとれるようにするのである。

　産業管理の公有化とそれをになう全国的生産管理合議体。これが環境的変革―環境社会主義経済のシステムということになる。

　このために現在の日本なら現在あるシステムを、環境的変革を担えるようなシステムに変革・改良するのである。地域社会、あるいは国家的単位での管理機関が別々の企業の生産を調整することにもなる。これにより企業は環境汚染の現場から環境的変革の拠点にうまれかわることができる。

　エンゲルスの『空想から科学へ』という科学主義的革命論（この定義については『前衛の蹉跌』第五章「ロシア・マルクス主義とエコロジズム」参照）に淵源しロシア・マルクス主義が教義化した「国有化と計画経済」はスターリン主義的独裁を結果する意外なかった。しかし市場を環境保護のためにコントロールするために必要な産業管理の公有化は、生産管理合議体を主体とするがゆえに民主主義とフレンドな関係を構築するだろう。これがエコロジカル・ソシアリズム（環境社会主義）のシステムにほかならないのである。

そしてこの「人間生態系の保護」を価値とする合議体が搾取、差別、戦争を根底的に終わらせるために民衆の力を結集する機関になる。このような「人間生態系の平和」を創出する機関は一個の政治革命をもって作り出す以外、方法はない。環境社会主義の革命である。こうして本論で先に定義した「環境的変革のために必要な連関」はこのようなシステムにおいて展開することがもっとも望ましいことなのだと著者は考えるがどうだろうか。

●環境的主権によって実現される環境社会主義の社会

国家の問題でいうなら国内経済法制、環境法の整備や、地球環境条約の最大限の履行の問題になる。いやそれ以上に環境主権による産業管理の公有化は憲法規定をもって実施することがもっとも望ましいのである。

そういう法整備は社会運動によってのみ前進する。結局、民衆的多数者がまず一つの〈構成的勢力として登場する必要があるということだ。

なぜなら急激な破壊が核爆弾、劣化ウラン弾、原発などの原子力の暴力とアメリカのはじめた「終わりなき戦争」が巨大な破壊を組織しているのだ。いまも中東で吹きすさんでいる。そしてアメリカは京都議定書にさえも、その調印を拒否している。さらにアメリカは包括的核軍縮条約反対、生物兵器禁止条約反対など環境破壊帝国主義として展開してきた。さらにアメリカエネルギー省は、一九七七年以降、凍結してきた使用済みの核燃料の商業用再処理をめざす研究開発計画を発表し、無期限延期されていた高速増殖炉も再開すると表明したのである（二〇〇六年二月）。こうしてあからさまなエネルギー多消費文明を維持していこうとしている。

そしてそのエコロジカル・フットプリントで最大の一位アメリカ、二位日本が日米安保軍を形成し「対テロ戦争」をおしすすめているのだ。そしてこの戦争が資本主義国間の経済的市場争闘戦と政治的ヘゲモニー対立をコントロールするためのものである以上、その条件においては「永続的」だ。日本の天皇制もこうした日米運命共同体の中で、その日本の国家の象徴として位置づくことになる。国家のジットリヒカイトが組織される。

このような戦時的現実においては、まさに世界資本主義の盟主＝アメリカ帝国主義潮流というスーパーパワーに対する民衆的スーパーパワーたる民衆的多数者が登場してこなければならない。開発途上国の工場から農村から、先進国のグローバルシティの街頭とオフィスに至るまですべての、搾取と環境破壊、差別と貧困とたたかう多数者の反体制運動が持続的にとりくまれなければならないのである。だからこの「環境的変革」ははじめから、例え実態的には一国でおこったとしても、それは世界と一国の同時的連関の中で起こっているのだということにほかならない。

欧米物質主義—資本主義近代の数百年は、近代世界によって「第三世界」といわれた地域にあった昔からの交易、人々が集う市場、生産、豊かな自然のめぐみと他の動物たちとの紐帯、人々の暮らしと慣習、そういうものをすべて破壊し貧困をつくった。いまもそういうマイナスを生産しつづけている。近代が豊かなのではないのだ。明治以降の日本も江戸時代より「絶対に豊か」だとは言えないのだ。例えば、「ロマン主義的傾向だ」とかの誤解を恐れずにいうならば、村落共同体にあった人々の共同体的な親和性は天皇制官僚主義国家の登場をつうじた資本の原始的蓄積の過程で破壊されていったのである。何を言いたいかといえば、この近代の中で現前し、通用している価値（正義）を相対化することが必要であるということだ。資本主義の生産力主義の近代こそが搾取と貧困、環境破壊を生産したのである。このキャピタリズム（資本主義）に立ち向かう〈精神《ガイスト》〉が必要なのだ。帝国主義に反対する環境社会主義がとわれているのだ。

「国家の現象学」の結語は、民衆的多数者による環境的変革——環境的主権を、である。そうでなければなぜ国家——主権論を論ずるのかわからないというのが、本論のモチーフだからである。そして最後に、歴史を作ることは、歴史を論ずることよりも面白いことなのだということを確認しておこう。

あとがき

すでに本書において書くべき理論的なことは書いたつもりである。だから別のはなしをしたい。
前穂高岳は長野県の山間部を走る穂高連峰の一部である。その登頂コースは上高地のバスターミナルを出発して、登山口に入り山頂へと突き上げる岳沢を登って岳沢ヒュッテにいたる。そこからが本格的な前穂登山の始まりである。重太郎新道という、岩が反り返るような登山道をせりあがり、梯子とクサリに助けられて、ひたすら天井のぼりの登攀をつづけるのだ。地図上では山頂へのアタック地点である紀美子平へは行程三時間でたどりつくとあるが、だいたい私の足でも二時間一五分ほどだ。左側には奥穂高岳へとつづく吊尾根（岩稜）が控えている。晴れている日はロマンチック。だが雨が降り、沢から砂利交じりの風雨が突き刺すように吹き上げてくる日などはスリップが強迫的に恐ろしくなり、ただただ奥穂の山頂をこえて、奥穂小屋にたどりつくことのみを考えるのだ。わたしはこの重太郎新道から奥穂小屋へというルートは、穂高に一三回行ったうち、五回行った。

最初に行ったときは、私は初心者でYさんという職場の上司につれて行ってもらった。天気図では低気圧線がちょうど、穂高の稜線上あたりに描かれる最悪の天候で、もう大変だった。京都のR

大のパーティーなども次々と重太郎新道を岳沢ヒュッテの方へと引き揚げる中の登攀だった。奥穂高の小屋にやっとの思いでたどりついたときは、吹き付けられた左目がボーとしており、電球をみると、丸い光の輪ができた。目に血液が行ってなかったのだろう。翌朝起きるとボーとしたのはなくなっていたが。

奥穂高の小屋からは涸沢カールが一望できる。そのカールの底には涸沢の小屋と、色鮮やかなテントが何十張りも集合しているのを見ることができる。奥穂高の小屋ではビールを飲みながら、明日の行程を考える。

わたしは単独行が好きだ。チームで行き登頂する喜びもいいが、それにはないものがある。最初から完全に決まった計画をたてないで行き、そのときの体調や興味にあわせて決めることができるのである。穂高連峰は、槍ヶ岳から南へ大キレットを経て北穂高岳へ、さらに涸沢槍をこえて涸沢岳〜奥穂高へ。そして、そこから吊尾根を歩き前穂高岳へ向うルートと西穂高岳へ向う、北アルプス一般コース最難関といわれる屈指のルートがのびている。私は奥穂からあるときは馬の背、ジャンダルムを越えて西穂高、あるときは槍ヶ岳から大キレットを経て北穂高へと向かった。だがあるときはチームで槍ヶ岳へとつきあげる北鎌尾根を踏破したこともある。

これらの回数と内容は決して自慢になるものではない。まだ一三回しかといったほうがいいだろう。穂高には一般ルート以外のバリエーション・コースもいろいろあるが、わたしはゴジラの背・「北穂東稜」というコースのみ行っただけだ。穂高の稜線の一般コースは一通り歩いていることになるが、私は山屋とはとてもいえない、ごくありふれた一般登山者なのである。

話は変わるが、わたしがフィールドとしてきた新左翼系運動はとりわけ論争好きだ。時として他者を政治的に攻撃する。だからわたしは自分のことをけして「いい人」だとは思っていない。多元的民主主義は論争である。だがそこには倫理がある。そこでいう倫理、民主主義とは「学び学ばれる」ことを基本とするということだろうと私は考えている。この「学び学ばれる」とはどういう意味だろうか。

穂高のある山小屋に泊まったときトイレに落書きがしてあった。「穂高は人に厳しい。だから人は人にやさしくなれる」と。容赦なく向かってくる吹き付ける北西風、砂つぶてのことを思えば、すべる岩稜帯のことを思えば、人の世の中の対立において、相手の気持ちになろうとする自分がいる。だが相手の気持ちになるとは心情的に理解するとか同情するとかいうことではない、と私は思っている。

山にはルート・ファインディングという言葉がある。ルートを読むことだ。間違って選択すれば大変なことになってしまう。同じように論争する相手の論理（ルート）を自分自身が理解しあたかも自分の考えのように展開できなければ、相手との論争などやっても無意味なことだということだ。「学び学ばれる」とはこのことだと私は考えている。そしてそこでは他者から自分よりも妥当な考えだと考えられる部分などを吸収することもあるだろう。だがあるときは徹底的に相手の意見を解体しようとするときもあるだろう。

人間はある特定の立場にしか立てない。大乗仏教のある種の傾向の教えに則していうならば、人間は虚空蔵菩薩の無限の普遍的な智慧の立場などには絶対に立ちようもないチッポケな存在なのである。個人は、ある立場的「論理」を生きるのだ。論者はじぶんが「正義」とするその論理を相互に闘わせているのである。人間はそういう意味においてある諸関係を生きるのだ。

自分の「論理」を貫徹するだけではなくて、同時に省察し変革していくことがその場合課題になる。他者を批判することは、誤解を恐れずにいうならば簡単である。なぜなら、論理にはかならず反証可能性が存在しているからである。だから常に反対面を取れば批判できるのである。あるいは相手が批判してきたと同じ論理・論法をつかって反撃すればいいのだ。つまりそこに無いもの、さらけ出されているもの、反対の側面が必ずあるのである。つまり人間は特定の側面からでしかものを言うことができないのである。だから自己正当化や自己満足に陥らず省察をつうじて、他者と向かい合うのが、真摯な理論的態度である。そして、こうしたことには精神性が要求されるのだ。その精神性を培うためにもアルプスはわたしにとってトレーニング場である。

いつだったか、富山県の剱岳に登頂したときのことだ。早月尾根を登って小屋に入ったとき、雨が降ってきた。明日は「かにのはさみ」から登頂し、「かにの横ばい」を降りなければならない。はじめてのツルギだったので緊張していた。どうか明日の朝にはこの雨がやんでいるようにと祈らざるをえなかった。もうそれにしてもぬれていることだろうとも、思った。岩稜帯はスリップに注意しなければならない。しかし、思えば思うほど不安は広がっていくので、考えないことにする。翌朝、起きてもしばらくは霧雨が降っていた。ああ、なんということだ。六時三〇分、意を決して歩き始めた。胃が痛く吐き気がした。クサリ場つづきのルートをどうにかのぼりつめ頂上に達した。天候は曇り空で視界もなく鬱屈するような感じである。だが登頂したせいか、少し落ちつく。「かにの横ばい」はなんなく通過できた。その行く手には前剱があるが、その手前の岩稜のテラスで小休止。剱を振り返ったら、垂直の岩肌にきらっと、光るものが見えた。あれは何だと思ったら、クサリだった。あんなところを降りてきたのかと周りの登山者たちも言っている。その岩稜の輝きは崇高な精神を表すかのようだった。

山屋の人がこれを読んだなら、さぞかし、おおげさな書き方だと笑うところだろう。だが、なにを始めるにせよ、するにせよ、不安は付き物だ。その不安を中央突破する。その敢闘精神を北アルプスは小心な私におしえてくれているのである。

本書、とりわけ終章の執筆過程で、環境問題をはじめ資本主義の生み出す問題に対しては、システム論が必要であるということを改めて実感した。それは改良的代案が必要だということではない。改良的オルタナティブも絶対に無視できない昨今だ。だがもうひとまわり大きく経済構造・産業システムを変えていくことが必要であるということである。システム論なき倫理学の限界を自覚せざるをえない。倫理的なルールつくりのようなものは必要である。現代倫理学で言われる「可能なものの中からの最善の選択」、「カタストロフに陥らない改革」ということもその一つだろう。だがその「選択肢」も内容として「なにを・いかに・選択するのか」という話があってこそ成立する。したがって今後の課題は社会システム論ということになるのである。つまり超システム的にどこにでも通用するような一般倫理ではなく、経済構造論・産業システム論の領域において、その現代産業の変革を意識的に追求する社会政策論が必要なのである。それがないと既存のどこかの国家の経済政策をモデルにせざるをえないということにもなる。そのシステム論の構築ということにほとんど手をつけてこなかったのは、私の不勉強さのせいである。省察を深めつつ、ぜひともシステムの仮説を提示したいと思っている。

だがこれは社会主義の一潮流としての構造改革理論ではないことはお断りしておきたい。経済的構造の民主化を共産党の権力奪取の前に準備するという構造的改良論は、ファシズムが経済過程の権威主義的構造、労働者の国家主義的組織化の上に成立したことを省察した戦後のイタリア・コミニズムの路線、「独占体に対する民主的統制」をポイントにした、いわゆる「トリアッティ路線」に他ならない。そうでなくとも、なんでもかんでも代案を集めて回るということでもない。

そういう系統とは別の系統で考えているのである。つまり構造的改良論のように現に今ある資本主義システムの民主的な運営ではなく、資本主義システムを産業構造を中心に革命的に変更するのである。民衆的多数者である構成的な主権者が自分たちがそれ自身で自立的かつ協働的にコナトス〈自己保存〉を保障するために、運営しやすいように産業構造を変革し、いろんな人々が自らを有機的に関係づけていくのだ。それがマルチチュード＝民衆的多数者の生活ということではないか。これをただちに「設計主義」〈的独断〉とする見解がもし存在するとするならば、それ自体が独断であり、社会の構造的な変更を認めないものとなるだろう。

その哲学的基礎付けは廣松渉であれば構造変動論を論じた「構造の形成・維持・推転の機制」（著作集第一四巻、一九九頁以降）などということになると推察するが、このことを具体的に現実の社会におけるシステムの問題をつうじて明らかにしつつ、本題である産業構造、経済社会システムの〈構造論〉へと推転してゆくことが私に課せられた次の課題である。

本書の刊行にあたって、第二部の第二章と第四章の原稿については以前、ある出版社に投稿していたものであり、編集部あずかりの原稿を引きあげさせていただいた。快く許諾していただいたこと、その仁義ある対応に敬意を表したい。社会評論社の新孝一氏、松田健二社長には大変お世話になりました。さまざまのアドバイスに対して謝意を表したいと思います。本書に対するイデオロギー的批判には時間の許すかぎりお答えしたいと思います。

二〇〇六年二月吉日　記

渋谷　要

[著者紹介]

渋谷要（しぶや・かなめ）

1955年京都生まれ。現代思想研究者。季刊「クライシス」編集委員（1984年～1990年終刊）、季刊「理論戦線」（現「理戦」）の編集などに関わる（1990年以降2001年まで）。
その間駿台予備学校論文科採点講師（1991年～1994年）。新左翼系運動での理論活動を展開してきた。著書に『前衛の蹉跌』（実践社）などがある。趣味は山歩き。毎年、穂高連峰に行く。

国家とマルチチュード　廣松哲学と主権の現象学

2006年4月28日　初版第1刷発行

著　者――渋谷　要
装　幀――桑谷速人
発行人――松田健二
発行所――株式会社社会評論社
東京都文京区本郷2-3-10
☎03(3814)3861　FAX.03(3818)2808
http://www.shahyo.com
印　刷――スマイル企画＋P&Pサービス
製　本――東和製本

Printed in japan

20世紀の政治思想と社会運動

●フォーラム90s研究委員会編

A5判★2500円

戦争と革命、ナショナリズムと国際連帯、転機としての68年、新しい社会運動とイッシューの多元化。20世紀とはいかなる時代であったか、各分野の論者が多面的に論ずる。

世紀を越える

この時代の経験

●栗原幸夫

四六判★2600円

希望はどこにあるのだろうかという問いに対して、それは20世紀の経験の中にこそあると答えたい。「戦争と革命」にいろどられた「この」時代の歴史と思想、運動と文学などに関する論争的批評。

グラムシと現代世界

20世紀を照らす思想の磁場

●片桐薫・黒沢惟昭編

四六判★2300円

混迷の現代世界を駆け抜ける思想のプラズマ。未来を照射するグラムシ思想には20世紀の歴史・文化・思想の核心的問題が孕まれている。日本におけるグラムシ研究の新世紀を切り拓く論集。

トロツキーとグラムシ

歴史と知の交差点

●片桐薫・湯川順夫編

A5判★3600円

スターリンに暗殺されたトロツキー、ファシストに囚われ病死したグラムシ。1930年代の野蛮にたち向かった二つの知性。その思想と行動を20世紀の歴史と政治思想のなかで捉え直す。

ハイデガー解釈

●荒岱介

四六判★2200円

哲学者マルティン・ハイデガーはなぜナチス党員であったのか。近代物質文明における人間存在の実存的在り方を越えようとしたその哲学に対する独自の解釈を試み、ナチズムに帰依した根拠を探る。

環境革命の世紀へ

ゼロ成長社会への転換

●荒岱介

四六判★1800円

大量生産・大量消費・大量廃棄にゆきついた社会システムは、もはや臨界点に達した。生産力思想をこえて、経済成長を価値としないゼロ成長の社会——「定常状態の社会」をめざす社会運動へ。

緑の希望

政治的エコロジーの構想

●アラン・リピエッツ

四六判★2400円

レギュラシオン学派の旗手たる著者が、政治的エコロジーの原理や経済政策、国際関係についての見方、他の政治勢力との相違を包括的に論じた。フランス緑の党の改革プラン。

ラディカル・エコロジー

ドイツ緑の党原理派の主張

●トーマス・エバーマンほか

A5判★3500円

物質文明・消費文明の果てに広がる人類史の危機に警鐘を鳴らした「緑」の人々。ドイツ統一後の社会矛盾と、緑の党の体制化がすすむ現在、改めて読み直されるべき原理派の主張。

表示価格は税抜きです。